CÁSATE CONMIGO... DE NUEVO

MARIOLINA CERIOTTI MIGLIARESE

CÁSATE CONMIGO...
DE NUEVO
Crisis y renacimiento de la pareja

Segunda edición

EDICIONES RIALP
MADRID

Título original: *Risposami!*

© 2020 *by* Edizioni Ares
© 2025 de la versión castellana traducida por Elena Álvarez
   by EDICIONES RIALP S. A.,
   Manuel Uribe 13-15, 28033 Madrid
   (www.rialp.com)

Primera edición: marzo 2022
Segunda edición: septiembre 2025

Preimpresión: produccioneditorial.com
ISBN (edición impresa): 978-84-321-7146-8
ISBN (edición digital): 978-84-321-6030-1
ISBN (edición bajo demanda): 978-84-321-6031-8
Depósito legal: M-14426-2025
Impreso en Anzos, S. L. - Fuenlabrada (Madrid)

ÍNDICE

INTRODUCCIÓN

A nosotros

Todos estamos invitados a «ser creativos en el amor.
El amor no es un oficio. Por eso, aquí no se proponen
indicaciones, ni se aplican expedientes.
El amor se activa ante la realidad; pero es siempre
nuevo, en situaciones que se forman constantemente,
sin que ninguna se parezca a otra.
[El amor se realiza] frente a esta exigencia
de vida, a esta demanda... a este conflicto...
tal y como están en la existencia
concreta y como se me presentan. El amor
tiene algo de vidente: una capacidad para entrever
lo que yace escondido ... de vaticinar lo que
todavía debe suceder. Es algo creativo...
es irrepetible y carece de modelo»[1].

ME PARECE QUE EL MEJOR MODO de empezar este libro es compartiendo estas palabras de Romano Guardini sobre la creatividad del amor. La creatividad es ese principio que da al amor
la posibilidad de perdurar y ser fuente de felicidad. Le hace capaz de «crear y recrear el mundo», como decía el psicoanalista
D. Winnicott. Pero el amor también es frágil, y son pocos los
que conocen su secreto.

Han pasado siete años de la publicación de mi libro *La
pareja imperfecta*. Desde entonces, muchas más parejas con dificultades me han pedido que las acompañara, para ayudarles a

---

[1] ROMANO GUARDINI, *Volontà e verità*, Morcelliana, Brescia 1978, p. 144.

comprender sus situaciones de crisis. Hemos seguido buscando caminos juntos, y alternando momentos de esperanza y de desasosiego, éxitos y fracasos. He aprendido mucho de ellos y con ellos. Poco a poco, he sacado a la luz los pensamientos que me propongo compartir ahora. Gracias a sus historias, he llegado a entender que las crisis importantes, las que ponen en duda la continuidad de la vida de pareja, casi siempre son consecuencia de una dificultad prolongada para comprender y hacer frente a los momentos críticos de naturaleza fisiológica, que forman parte de toda relación.

El libro anterior estaba dirigido, sobre todo, a parejas que empezaban su camino. Este libro está destinado a quienes desean reflexionar sobre sus vivencias a partir de la senda iniciada. Es para quienes luchan con dificultades que no habían previsto, para quienes se preguntan si han elegido bien. Pero también está destinado a quienes quieren profundizar en su relación y se proponen vivir su matrimonio con mayor conciencia, con todas sus luces y sombras.

Las parejas de hoy en día sufren una contradicción, cada vez más acusada, entre sus expectativas legítimas de felicidad, sus proyectos de vida, y las dificultades concretas que se encuentran al querer realizarlos. Todos empezamos a dudar de que sea realmente posible estar juntos toda la vida, sin que la convivencia se reduzca, en el mejor de los casos, a un soportarse, recíproco y resignado.

La crisis tan profunda en la que se encuentra el matrimonio es una situación nueva y difícil. Pero, como todas las crisis, no es por sí misma, ni necesariamente, solo negativa. Nunca es buen principio lamentar el pasado, y menos un pasado que tenía muchas sombras, como en este caso. Al contrario, si observamos con atención, tenemos por delante una oportunidad espléndida. Es la de ser capaces de interpretar, de modo más consciente, el auténtico significado de esta relación tan especial. Con ello, podemos comprender por fin la promesa de felicidad de la que es portadora.

No obstante, por su novedad, la situación exige nuevas competencias y una nueva sensibilidad, que no pueden darse por descontadas, y tampoco se pueden improvisar. Por un lado, se ha elevado el nivel de exigencia de una madurez afectiva suficiente para vivir bien el matrimonio. Por otro, es cada vez más difícil para las familias y para el contexto social acompañar a los hijos hacia esa madurez. En consecuencia, se multiplican las parejas enamoradas pero frágiles, poco preparadas para afrontar el desafío que tienen por delante. Por eso, me parece importante sacar a la luz los matices que hacen que el matrimonio sea una relación tan específica, que es a la vez rica y compleja.

Para reflexionar sobre los diferentes aspectos del matrimonio, he querido que me acompañen los relatos de algunas parejas con las que he hecho un recorrido de ayuda. Sus historias hablan de crisis importantes: situaciones que han llegado a un extremo de dificultad que hacía necesario pedir un apoyo externo. Sus experiencias nos permiten descubrir algunas dinámicas que, en realidad, son comunes a *todas las parejas*, con sus momentos inevitables de incomprensión. Gracias a ellas, descubriremos la continuidad que existe entre crisis «fisiológicas» y crisis «patológicas». Casi siempre, el origen de las situaciones más graves está en no haber encontrado el modo de hacer frente a los pequeños momentos de crisis cotidiana. También está en que se ha minusvalorado la necesidad de cuidar conscientemente la relación, que hay que volver a amoldar de forma inteligente, varias veces a lo largo de la vida. De hecho, y precisamente por sus particularidades, en el matrimonio (en cualquier matrimonio) se presentan situaciones críticas. No son necesariamente patológicas, pero siempre requieren la capacidad para descubrir qué adaptaciones son necesarias hacer para que la relación siga siendo sólida y vital a lo largo del tiempo. Cada uno de nosotros evoluciona continuamente a lo largo de la vida. Pero esta dinámica se opone a la tendencia natural de la pareja, a mantener constantes los equilibrios iniciales. Es decir, se opone al cambio, con un estado inconsciente de inercia. Eso hace que sea muy importante que el marido y la mujer aprendan a reconocer a tiempo los signos de malestar en uno o en otra, y a tratarlos abiertamente, con total libertad, para buscar nuevos equilibrios.

En cambio, lo más frecuente es que, con intención de proteger la relación y mantener su equilibrio, prefiramos retrasar, esperar, minimizar. Al igual que cualquier otra realidad viva, también la relación de pareja es incapaz de aguantar sin consecuencias el sometimiento a la rigidez y a la compresión en esquemas predeterminados. A falta de una adaptación progresiva y recíproca, pierde la capacidad de dar respuesta satisfactoria a la necesidad vital de desarrollo que tienen los dos.

Cada pareja tiene una identidad propia. Es como un cuerpo vivo, que tiene que crecer y transformarse, y que, para hacerlo, necesita mucha flexibilidad e imaginación. Para vivir bien juntos hemos de aprender a interpretar las dinámicas que están en juego, sin conformarnos con lo que ya creemos saber. Cuando no estamos abiertos al cambio, la relación conyugal tiende a perder la vitalidad y la creatividad del principio. Se vuelve asfixiante e insatisfactoria, y puede desembocar en problemas más graves, que hacen que la situación explote. Es lo que les ha pasado a las parejas que presento. Pero esas historias también nos ayudan a comprender que no hay nada realmente perdido cuando se quiere seguir adelante. Se puede recomenzar. Siempre se puede, también cuando nos encontramos ante crisis que pueden parecer, a primera vista, definitivas.

Una crisis importante, aunque no acabe en separación, siempre marca de alguna forma un final en la relación o, más precisamente, *el final de un cierto modo que tenía esa pareja de relacionarse*. Para que la relación pueda revivir en plenitud es necesario, entonces, hacer una labor concreta de decodificación y de reconstrucción. Y esta solo puede empezar a partir de la decisión consciente de volver a fundar la propia relación, sobre nuevas bases.

Por eso es necesario plantearse la relación en los términos de un segundo matrimonio: un pacto renovado con la misma persona, a quien se le vuelve a regalar el amor y la confianza. Pero ahora se hace en el marco de una comprensión más profunda de lo que une de una forma tan exclusiva precisamente a esas dos personas que se han elegido al principio.

Si se observa detenidamente, todas las parejas tendrían que hacer un recorrido como ese, sin necesidad de pasar por la experiencia de una crisis grave. La persona elegida por vez primera tendría que ser elegida de nuevo, siempre, cada vez de forma más consciente. Y, por lo menos, una segunda vez.

El resultado de un segundo matrimonio con la misma persona es que la relación se hace más sólida, y también que se renueva. Es una relación que se pone al servicio de una alianza verdadera y definitiva, que sea también capaz de dar una nueva plenitud a la vida juntos.

I.
EL MATRIMONIO COMO VÍNCULO ESPECÍFICO

UNA DE LAS SECUENCIAS MÁS IMPORTANTES de la película *Shall we dance,* con Richard Gere y Susan Sarandon, tiene un interesante intercambio de ideas entre la protagonista y el detective privado, al que ella misma ha contratado para averiguar si su marido la está traicionando.

La mujer pregunta al detective: «En su opinión, ¿cuál es el motivo para casarse?».

El hombre responde: «¡La pasión!». «No», replica ella. Él añade: «Es interesante. Habría dicho que usted era romántica. ¿Cuál es, entonces?». Y la mujer le responde: «Porque necesitamos un testigo de nuestra vida... hay miles de millones de personas en el planeta. En total, ¿qué valor puede tener una sola vida? Pero un matrimonio tiene una promesa de ocuparse de todo... tanto de las cosas buenas, como de las terribles o frívolas. De todo, siempre, cada día. Quien hace la promesa, dice: "Tu vida no va a pasar inadvertida, porque yo voy a ser tu testigo"».

¿Significa esto que la pasión no tiene cabida en el matrimonio? ¿Que el sentimiento no cuenta?

15

Tal vez, simplemente, es que la pasión y el sentimiento no son suficientes por sí solos para justificar una relación tan compleja como el matrimonio.

En la historia que es el matrimonio, cada uno de los dos es el único testigo auténtico de la vida del otro. Le conoce como nadie más, hasta en los repliegues secretos de su ser. Le conoce y le ve también en esos momentos que él mismo no es capaz de ver. En el matrimonio vemos, cada día, al otro en acción, en todo tipo de situación, en la relación consigo mismo y con el mundo. Podemos observarle como "de espaldas", es decir, conocer esos aspectos de los que él no es consciente. Le vemos envejecer, le vemos sufrir, le vemos en sus momentos alegres y tristes, cuando está desanimado o confiado. Le admiramos, le detestamos, le amamos, le rechazamos. En todo caso, la verdad es que, cuando la relación es auténtica, el paso del tiempo va a hacerle más valioso e importante, a pesar de las dificultades.

Pero, para que esto llegue a suceder, es necesario volver a definir el matrimonio como lo que es: una relación pensada para perdurar, sin fecha de finalización. Esta característica hace que sea, en el plano afectivo y psicológico, un vínculo muy específico, muy distinto de otras formas de relación, que puedan ser también intensas y significativas, y que no tengan como presupuesto compartido el compromiso recíproco por la continuidad y la duración.

En el caso de los creyentes, este aspecto del matrimonio adquiere una evidencia todavía mayor, porque se fundamenta explícitamente en la promesa libremente otorgada de un vínculo "para siempre". Aunque todo amor humano contiene la aspiración a la eternidad, el cristiano cree que el sacramento puede actuar para hacer que sea *indisoluble. En este sentido, la indisolubilidad es un evento: mediante la intención* sincera y la promesa de amor entre un hombre y una mujer, limitados y frágiles, el sacramento da origen a un cuerpo nuevo, inédito e indivisible, en el que la vocación personal de cada uno encontrará la mejor vía para llegar a su plenitud.

También para quien no se identifica como creyente, la duración del matrimonio representa el objetivo al que apuntar: solo cuando el horizonte en el que nos situamos es "para siempre", la relación entre el hombre y la mujer adquiere el sabor especial de las grandes aventuras, aquellas en las que se despliegan la imaginación y el valor, y que nos obligan a confrontarnos constantemente con nosotros mismos. El matrimonio "para siempre" es el desafío relacional más alto, porque pone en juego todo el amplio espectro de nuestras emociones y de nuestras capacidades: nos pone indefensos ante la otra persona, sin posibilidad de engaño.

La puesta en escena es esa multiplicación generosa e imprevisible de la vida, que se reconoce como el fruto de aquellas historias que solo la muerte ha interrumpido.

Desde el punto de vista psicológico, lo específico del matrimonio en cuanto relación es que tiene el proyecto de perdurar, y que este es un elemento constante e "invariable" del matrimonio mismo, independientemente del contexto. De esta característica dependen algunas dificultades que se encuentran en la relación y que, por ello, se consideran fisiológicas. A ellas se añaden hoy nuevas dificultades, que dependen de la actual situación sociocultural, hostil a la idea del matrimonio en cuanto vínculo estable.

La pareja de hoy en día ya no se encuentra en el cauce de reglas "fuertes" y compartidas socialmente. No puede darse nada por descontado: ni la diferencia entre masculinidad y feminidad, ni la atribución de tareas y de roles, ni el proyecto de generación.

Además, hay ciertos "modos de sentir" ampliamente difundidos que condicionan, aunque sea inconscientemente, nuestra posición hacia los proyectos afectivos. Entre ellos, está, por ejemplo, nuestro modo de considerar el amor, con una interpretación muy idealizada, que destaca su componente emotiva, en detrimento del realismo en los proyectos. Está además la convicción difundida de que la salud de una relación se manifiesta en la ausencia de conflictos, más que en la capacidad de mantener una sana conflictividad, controlada y constructiva, que es necesaria a la confrontación.

A esto se suma la idea de que la relación de pareja debe ser una respuesta a la necesidad de felicidad personal que cada uno tiene. Cuando la relación se vuelve difícil o decepciona nuestras expectativas, la consecuencia es la decisión de interrumpirla para buscar en nuevas relaciones lo necesario para sentirnos bien.

De este modo, se hace coincidir el concepto de felicidad, por un lado (en las relaciones afectivas), con el del bienestar subjetivo; por otro lado (en el entorno laboral) con el de la "autorrealización", que se identifica con el éxito y la visibilidad personales. En cualquiera de los dos campos, nos exponemos continuamente a la comparación desigual entre nuestras altas expectativas y lo que la vida nos puede regalar concretamente.

El proyecto de que el vínculo de amor permanezca "para siempre" tiene, como consecuencia igualmente específica, la necesidad de desarrollar algunas competencias, que son necesarias para afrontar las situaciones de crisis que algún día habrán de llegar, pero sin que destruyan la relación misma. Esto exige que el hombre y la mujer acojan el matrimonio como un largo camino, que contiene el desafío de un crecimiento personal y como pareja. Para que la relación pueda ser portadora de felicidad, van a ser necesarios muchos momentos de renegociación y cambios personales, porque la decisión inicial solo es el primer acto de una aventura, larga e interesante.

La relación de pareja tiene una naturaleza dinámica. Quienes la han estudiado en profundidad observan que en el matrimonio hay, desde el principio, una alternancia de fases específicas, que se denominan de idealización, desilusión y reestructuración. Sus características y la sucesión entre ellas se hacen especialmente evidentes en el primer periodo de la historia de una pareja. Pero cada una de estas fases, aunque con ciertas diferencias, vuelve a repetirse con el tiempo, durante todo el ciclo de la vida.

Es muy importante entender el matrimonio como un proceso dinámico. No es correcto pensar en la relación de pareja como una realidad estable y definida de una vez para siempre. Los cambios en las condiciones de la vida con el paso del tiempo, y la evolución personal de cada uno, hacen necesarias las adaptaciones recíprocas y continuas. El desafío de fondo consiste en encontrar y mantener la fisionomía y la identidad de esa relación, en un cambio que permite la evolución vital sana de cada uno, en el respeto al otro.

Precisamente por este motivo, la aparición de momentos críticos no se puede considerar como un hecho excepcional, ni indica tampoco necesariamente que se presente una disfunción o una patología de la pareja misma. En cambio, cada crisis sirve para indicar que hay que hacer algún cambio, y que hemos de ser capaces de cuestionar el vínculo, para reorganizarlo según los nuevos equilibrios. Así podremos introducir los cambios que sean necesarios para que la relación siga siendo estable y vital al mismo tiempo.

La salud psíquica de la pareja exige que seamos capaces de mantener una relación lo suficientemente flexible como para permitir que cada uno siga siendo él mismo, en plenitud, en el contexto de una relación de gran intimidad. Esto supone que, en una relación, cada uno de los dos cónyuges debe tener la posibilidad de desarrollar su personalidad de la mejor forma, con sus características, sus dones, su vocación personal. Pero no por ello puede perder de vista el contacto y el intercambio con el otro. Es necesario mantener en relación vital la parte más profunda y personal de ese hombre y de esa mujer, sabiendo que cada uno de los dos, a su vez, busca constantemente el equilibrio entre la continuidad y el cambio. Es un reto realmente difícil.

Aunque a primera vista, los comentarios que estamos haciendo puedan parecer bastante teóricos, en realidad se aplican a la infinita variedad de las decisiones prácticas, grandes y pequeñas, de la vida cotidiana: el reparto de tareas (¿quién cocina? ¿quién limpia? ¿quién hace la compra?); la definición de los ritmos vitales, entre trabajo y familia (¿qué espacio se debe dar a la familia y cuál a la profesión?); la gestión económica (¿en qué cuenta corriente? ¿dónde domiciliamos el sueldo? ¿cómo decidimos sobre los gastos? ¿mío / tuyo / nuestro?). Solo son algunos de los ejemplos más comunes entre las muchas cosas que hay que acordar, definir y compartir. Las decisiones no son solo concretas, sino que también están dotadas de un alto valor simbólico. Así, mediante estas y otras decisiones que pueden ser pequeñas y cotidianas, la pareja va adquiriendo su fisionomía propia y define aspectos como el espacio y el valor que va a reservar a los proyectos personales de cada uno, o la forma en que esos legítimos proyectos personales se van a compaginar, de forma equilibrada y satisfactoria, con el nuevo proyecto compartido de la familia. Muchas veces, el nacimiento de los hijos supone, en este terreno, un momento importante de toma de decisiones, no exento de dificultad.

Por eso, es evidente que los primeros acuerdos no pueden ser suficientes. A lo largo de la vida, va a ser necesario hacer adaptaciones mutuas y continuas, que tendrán que superar el encuentro y enfrentamiento, a veces, con las situaciones de la vida diaria. Pero precisamente este elemento puede abrir paso a un "trabajo psíquico", complejo y estimulante a la vez, en el que la pareja se encuentra y se enfrenta, media y llega a acuerdos. Es típico de cualquier relación que se pueda llamar vital.

Este "trabajo psíquico", entre continuidad y cambio, es el que permite que la relación se modifique con el tiempo, pero sin perder nunca su configuración específica más profunda.

Confío en poder mostrar con claridad que las crisis más graves se producen precisamente cuando esa confrontación es, por cualquier motivo, insuficiente. A veces es por una dificultad prolongada, quizá no reconocida, para hacer frente y superar de forma abierta los momentos críticos, desde el punto de vista fisiológico, que tiene el vínculo. Esto lleva consigo una insatisfacción crónica que puede crecer solapadamente, y que distancia progresivamente al hombre y a la mujer, hasta que estalla la crisis.

II.
TRES RELATOS

El que sabe todas las respuestas
no se ha hecho todas las preguntas

Confucio

LA SEPARACIÓN SE HA CONVERTIDO en un hecho muy común del horizonte cultural actual, socialmente aceptado. Esta situación reclama el desarrollo de una nueva forma de pensar: ¿es posible seguir amándose, también cuando en la pareja pasa algo grave? ¿Qué hacemos cuando suceden hechos que no son fisiológicos, como una traición, el enamoramiento de otro, u otras situaciones importantes, que ponen en seria crisis la confianza recíproca?

¿Se puede reconstruir la relación, realmente, en casos como estos? ¿Podemos volver a enamorarnos tras una desilusión profunda? Entre los creyentes, es frecuente que una crisis matrimonial importante dé paso a preguntas más amplias, relacionadas con la fe y con el significado vocacional de la elección: ¿cómo se pueden conjugar la desilusión y el amor? ¿Cómo se puede continuar con la relación, tras la ruptura de la promesa o cuando do la gravedad de la desilusión parece hacer que se esfumen por completo los proyectos que habíamos soñado cuando nos enamoramos? ¿Puede Dios querer esto? ¿Es posible que quiera que seamos infelices?

La respuesta a estas preguntas no es sencilla. No hay respuestas estandarizadas, o válidas para todos y por igual. Solo existen las historias personales. Pero en cualquier historia, por muy diferente que sea de otras, salen a la luz elementos que se repiten significativamente y que permiten identificar algunas claves de interpretación que tienen una utilidad transversal y válida para todas las situaciones. Y contar con una clave de lectura nos permite mantener siempre abierta la esperanza.

Por este motivo, he decidido que las partes más teóricas del libro vayan de la mano de ejemplos concretos, tomados de la historia de tres parejas. Las he seleccionado entre las muchas que han acudido a mí en momentos de crisis más aguda, y a las que he acompañado en el recorrido de comprensión de su propia historia.

Quisiera aclarar que no se trata de parejas "patológicas", sino de parejas completamente normales, como las que nos encontramos a diario: personas que se han enamorado, que han decidido casarse, y que han tenido hijos. Son personas que se quieren. Pero, a pesar del amor mutuo, algo en su historia se ha roto: algo que ellos, por sí solos, no pueden reparar.

Al igual que en otros casos, también en estos, los dos cónyuges han sido incapaces de abrir a lo largo del tiempo un encuentro lo suficientemente franco y abierto entre ellos. Este es necesario para negociar la relación, reorganizarla y darle una nueva forma que sea más satisfactoria para ambos. Los motivos son variados; muchas veces se evita la discusión con la intención declarada de proteger al otro, a uno mismo y a la relación. Pero la dificultad para comprender las dinámicas que están en juego y modificarlas de forma flexible ha llevado a endurecer y a dejar sin salida la estructura misma de la relación. En ausencia de una buena comunicación y de una recíproca y progresiva adaptación, la relación se ha vuelto paulatinamente asfixiante e insatisfactoria, y desemboca en el problema que ha hecho estallar la situación.

En este capítulo, me propongo empezar por presentar las tres situaciones tal y como me las encontré en el momento de la petición de ayuda. He elegido nombres imaginarios y he procurado que los protagonistas no sean reconocibles, aunque han dado su consentimiento al uso de su historia. Por razones de espacio, no podremos seguir sus historias hasta el final. A lo largo del libro, voy a recuperar elementos de una o de otra, para ilustrar las partes más teóricas con ejemplos más concretos.

Primera historia: Marta y Luca

Marta y Luca tienen la misma edad; los dos son profesionales, y tienen a sus espaldas un largo matrimonio: llevan casados 27 años y tienen tres hijos mayores, que todavía viven en su casa. Cuando vienen a verme, están atravesando una crisis importante: Marta ha descubierto que Luca le traiciona. No es una traición episódica, sino una relación que había empezado casi tres años antes de que Marta la descubriese por casualidad. En ella no hay nada especialmente original: «la otra» es una compañera de trabajo más joven, con quien Luca comparte buena parte de su tiempo. Marta, que tenía plena confianza en él, nunca ha sospechado nada. Ahora está destrozada por la profundidad de la decepción y del dolor: tiene delante a un extraño, un hombre al que no conocía. Pero ella y su marido tienen una larga historia en común, tres hijos, y una vida juntos, que todavía tiene valor para ambos. Además, los dos son creyentes, y esto les mueve a hacer un intento serio de tratar de superar la crisis y de reencontrarse.

En el primer encuentro, Marta se muestra muy dolida y enfadada. Aunque está decidida a tratar de reconciliarse, afirma que no sabe si va a ser capaz de perdonar a su marido. Luca, en cambio, parece sobre todo agobiado y confundido: reconoce que siente el mal que le ha hecho a Marta, pero solo parece darse cuenta plenamente en este momento. Sobre todo, parece preocupado ante la posibilidad de una separación, que no quiere: la posibilidad de perder a Marta y su vida representa, en este momento, una hipótesis aterradora.

Segunda historia: Costanza y Gregorio

Costanza es la primera que viene a mi consulta, y lo hace sola. También ella ha descubierto recientemente que su marido la ha traicionado varias veces. Costanza y Gregorio llevan casi 10 años casados. Son las personas más diferentes que se pueda imaginar: ella es italiana, él es originario de un país africano; entre ellos hay tradiciones, cultura y costumbres completamente diferentes. Pero Costanza dice: «Cuando decidimos casarnos, éramos muy conscientes de nuestras diferencias, y durante todo el noviazgo cuidamos de forma especial nuestra relación. Quisimos que nos acompañara, paso a paso, un sacerdote que goza de la confianza de ambos. Después, casi enseguida, nacieron los niños: dos, de edades muy cercanas. La vida nos ha arrollado, y nos hemos alejado. Ahora he descubierto que él me ha traicionado varias veces, con chicas muy distintas a mí».

Costanza está destrozada, desconfiada, enfadada. Pero decide proponer a su marido un encuentro conmigo. El fuerte vínculo que él también tiene con sus hijos, y su marcado sentido de la familia le dan un pequeño margen de esperanza.

Unos meses después, *Costanza y Gregorio vienen a mi consulta, y empezamos un recorrido, breve pero intenso, que les conduce al reencuentro.*

Tercera historia: Chiara y Matteo

Chiara y Matteo llevan 13 años casados, y hace poco que han tenido a su tercer hijo. Matteo es seis años mayor que Chiara, y el trabajo le obliga a ausentarse de casa con frecuencia, a veces durante varios días. Durante una pelea bastante dura, Chiara le ha dicho a Matteo que se ha enamorado de otro: no admite que le haya traicionado (aunque él lo sospecha), pero Matteo se siente como si lo hubiera hecho. Siempre ha pensado en Chiara como una chica joven, sobre la que él tenía cierto ascendiente, ni se le había ocurrido que ella pudiera pensar en otro.

Matteo está herido, airado, incrédulo. Pero su unión con Chiara es muy fuerte y la sola posibilidad de perderla no entra, por ahora, entre las opciones que quiere considerar.

También él encontraba dificultades en la relación con Chiara. Sobre todo, tenían que ver con que ella es muy reservada, poco capaz de compartir sus pensamientos y sus emociones, en la forma afectiva que le gustaría a él. Por este motivo, se siente aún más herido por el hecho de que ella se pueda haber "emocionado" con otro. Para él, es impensable la infidelidad en las relaciones, porque él es muy fiel en sus sentimientos cuando se vincula a alguien. Chiara lo ha sumido en una incertidumbre dolorosa.

En cambio, Chiara parece confundida. Ella también se siente muy unida a Matteo, y no llega a entender lo que le está pasando, el porqué de esta sensación de haber "perdido la cabeza" precisamente ahora que acaban de tener otro hijo. Al mismo tiempo, está convencida de que esta situación debe significar algo, y que su matrimonio llevaba tiempo sin funcionar bien. Es cierto que no consigue abrirse mucho con él, pero esto también sucede porque la emotividad de Matteo le parece, a veces, excesiva. No sabe por qué, pero esto hace que se sienta como en peligro. Además, en la última temporada, la inteligencia crítica de Matteo, que tanto le entusiasmaba, se ha convertido en una actitud hipercrítica que le hace sufrir. Dice que Matteo tiene que tratar de entenderla, si quiere evitar que el matrimonio se rompa. Ella quiere mantenerlo, porque sabe que todavía les quiere, a él y a sus hijos.

Brevemente, esta es la situación en que se encontraban las tres parejas en el momento de pedir ayuda. Son personas dolidas y desorientadas, a quienes les cuesta hablarse y que confían al terapeuta su historia herida.

La primera expectativa y la más común, sobre todo para quienes han padecido un daño, es la de encontrar a alguien que "haga justicia". A veces es una expectativa un poco mágica, como si la intervención externa de un especialista pudiera reajustar lo que se ha roto, y pusiera cada cosa en su sitio. Hay un deseo latente de que existan palabras capaces de anular el dolor, de dar la razón a quien la tiene, y de hacer que quien ha hecho daño se dé cuenta de lo que ha hecho.

Pero el trabajo de ayuda a la pareja en crisis no tiene nada que ver con una atribución de razón y de error. El verdadero punto de partida es la acogida como paciente a la relación misma, tal y como es; a la relación de pareja con su historia, sus vicisitudes y sus contradicciones. Esta es el sujeto al que hemos de tratar de comprender y curar entre todos. Para eso, tenemos que suspender momentáneamente el juicio.

Es importante aclarar que esto no significa de ninguna forma "justificar" los comportamientos objetivamente negativos (como, por ejemplo, la traición). Se definen como tales, y deben seguir siéndolo, sin ambigüedad. Más bien significa compartir la necesidad de moverse poco a poco hacia un plano distinto al juicio, para llegar a comprender juntos qué es lo que ha podido pasar para que dos personas que se querían se hayan distanciado tanto.

Cada pareja es algo más que la simple suma de dos individuos: cada uno de los dos, en el marco de otro encuentro, habría dado origen a un sistema-pareja completamente diferente. Esto es así porque cada pareja es un sujeto en sí mismo, con una fisionomía propia y específica. Para comprenderla a fondo, es necesario recorrer con curiosidad y paciencia la historia común, desde el punto de vista de cada uno.

Esto supone que lo más importante a lo largo del recorrido no es definir los hechos en su objetividad, o esforzarse por reconstruir de qué forma han ido las cosas (quizá buscando en el terapeuta a alguien que sentencie sobre quién tiene razón). En cambio, es importante presentar una lectura nueva y compartida de las dos subjetividades, para aprender a dar plena legitimidad a dos puntos de vista que pueden ser, a veces, muy diferentes entre sí.

El marido y la mujer tienen, cada uno, su historia personal, que ha empezado mucho antes de que se conozcan. Esta historia personal condiciona sus expectativas sobre la relación, y también las formas que tiene cada uno de relacionarse. Por eso, se debe empezar por ahí.

Es frecuente que, una vez superada la fase inicial, en la que cada uno cuenta a su manera la crisis que les ha traído a mí, y una vez establecida una alianza que lleve a que ambos se sepan acogidos y no juzgados, invito a cada uno a hablar de sí mismo, en presencia del otro. Cuenta su historia personal y la historia de la pareja desde su punto de vista y desde su vivencia. Invito también a cada uno a escuchar el relato del otro con una escucha nueva, atenta y, si es posible, más libre. Se posiciona junto al terapeuta, en una dimensión abierta que es distinta del juicio.

Un paso muy importante en este proceso es el de pedir, por turno, que cada uno cuente cómo nació su historia: sus recuerdos del primer encuentro, sus impresiones, las preocupaciones y expectativas de la fase del enamoramiento. Este momento siempre es muy significativo y casi siempre lo sitúo al principio de la intervención de ayuda, aunque lo retomo varias veces a lo largo de las sesiones. El modo en el que cada uno presenta su encuentro con el otro, las palabras que escoge para contarlo, la memoria de las emociones sentidas, las emociones que suscita el recuerdo: el conjunto de estos aspectos nos aporta, a mí y a ellos, una clave para recuperar los elementos sobre los que podamos fundar la esperanza, si los hay. Con un poco de experiencia, muchas veces se puede reconocer, a través de las palabras y de las emociones, que se transparenta la intuición inicial más profunda que han tenido, en su día, el uno de la otra. Si dejamos espacio al relato del enamoramiento, podemos captar un sentido de unidad y de valor recíprocos. Podemos, entonces, volver a empezar desde ahí, porque ahí se encuentra la fuente de la energía positiva que ha alimentado la decisión de vivir juntos: es una energía que está adormecida, pero que tal vez no ha desaparecido, como un pequeño fuego silencioso que late bajo las cenizas.

III.
LA FORMACIÓN DE LA PAREJA.
EL ENAMORAMIENTO

¡Qué bella eres, amada mía, qué bella eres!
¡Palomas son tus ojos!
¡Qué hermoso eres, amado mío, qué delicioso!
Puro verdor es nuestro lecho.
Las vigas de nuestra casa son de cedro,
nuestros artesonados, de ciprés

Cantar de los Cantares 1, 15-17

Un poco de teoría

El modelo de funcionamiento de toda relación de pareja tiene sus raíces en el enamoramiento. Es un acontecimiento imprevisible, que trae consigo emociones muy fuertes: entre las muchas personas que tenemos la suerte de conocer, una en concreto consigue activar ese conjunto de deseos y emociones que hacen que queramos compartir con ella nuestro tiempo, nuestros pensamientos y nuestros proyectos.

El enamoramiento es un acontecimiento muy específico, fuertemente anclado en las vicisitudes de la historia personal de cada uno. Ya Freud, en sus *Tres ensayos sobre teoría sexual*, observaba que «encontrar el objeto (es decir, encontrar a la persona que se convierte en objeto de nuestro amor, que hace que nos enamoremos de ella) es, sencillamente, recuperarlo». Freud decía que en el enamoramiento tiene lugar una especie de "reconocimiento" del objeto: hay algo del otro que nos impresiona

29

especialmente, como si esa persona, que en realidad es desconocida, no fuera totalmente nueva para nosotros, como si presentase características que la hacen "familiar".

El punto de referencia básico para este "reconocimiento" inesperado es la relación con los primeros objetos de nuestro amor en la vida, que son nuestros padres. Aunque adopta formas diferentes, la relación con ellos es esa referencia fundamental, en gran parte inconsciente, sobre la que hacemos nuestra elección: ya sea en sentido positivo (por semejanza) o negativo (por diferencia). No se apoya necesariamente en el progenitor del sexo opuesto, como sostiene la creencia común, con algo de simplificación. A veces es el progenitor de nuestro mismo sexo el que aporta la impronta que rige nuestro deseo. Además, son muchos los casos en los que, más allá de las características específicas y personales del propio objeto, adquiere una importancia decisiva el tipo de relación que se instaura con él. Con sus características más profundas, ese objeto vuelve a proponer el modo de funcionar de la pareja de progenitores, o, por el contrario, lo rechaza drásticamente y nos opone a ella.

El encuentro entre dos personas que se enamoran es un acontecimiento complejo, entre otras cosas, porque se produce sobre dos niveles de funcionamiento afectivo. Por un lado, se encuentra la organización libidinosa (el así llamado "ideal del Yo"): hace que elijamos en el otro esos aspectos que nos atraen y nos gustan, las características que nos parecen agradables y positivas. Por otro, en lo más profundo se encuentra un nivel de atracción menos evidente y consciente, que está relacionado con la historia de nuestro desarrollo y con el modo en que hemos organizado la que se define como nuestra "organización defensiva": es decir, el inconsciente nos orienta hacia alguien cuyas características "funcionan bien" para mí. Su modo de ser es, en cierto sentido, complementario al mío, y estar con él hace que me sienta estable en el plano de mi funcionamiento, además de salvaguardar el equilibrio psíquico alcanzado hasta ese momento.

Como he mencionado antes, se trata de un nivel principalmente inconsciente. Por eso, el tema es complejo y un poco técnico. Pero voy a tratar de aportar, en la medida de lo posible, una explicación comprensible.

Cada niño (y todos lo hemos sido) necesita, ante todo, amor, seguridad y atención. El cachorro humano solo puede desarrollarse en la relación y es completamente dependiente de su ambiente de pertenencia. Por este motivo, su instinto le lleva a tratar de modelarse según las expectativas que percibe en las personas que le cuidan y por las que quiere ser considerado.

Esas expectativas son, muchas veces, inconscientes. Se transmiten de modo imperceptible, por medio del rico intercambio de retroalimentaciones comunicativas entre el niño y el ambiente: el tono de voz, la mirada, la forma de ser abrazado o de dejar de serlo, el ser tenido cerca o lejos; o, por el contrario, ser rechazado por sus características y sus comportamientos. Esto le empuja a adoptar progresivamente una forma de ser que le capacite para atraer sobre sí la atención y el interés, según expectativas que reconoce. Aunque sea inconsciente, esto supone un continuo trabajo de mutua influencia entre el niño y el ambiente, en el que el niño usa los recursos que tiene a su disposición en cada momento específico de su desarrollo para obtener una respuesta a sus necesidades.

Podríamos decir que, a medida que crecemos, cada uno de nosotros "se organiza" psicológicamente, por una parte, para atraer la benevolencia y la atención de los demás; por otra, para defenderse de la frustración que nace cuando el ambiente no nos entiende o no nos aprecia según lo que desearíamos.

Puedo tratar de ilustrarlo con un ejemplo: ser acomodaticios y condescendientes o, por el contrario, tendencialmente agresivos con las personas que nos parecen hostiles, son dos modos de ser (nosotros diríamos "dos caracteres") opuestos, pero que tienen su origen en dos modalidades de defensa aprendidas precozmente.

Cualquiera de estas dos modalidades es "funcional" a nuestro bienestar psíquico. Ser condescendientes y estar siempre atentos para satisfacer al otro nos permite obtener su aprobación (y con ello hace que nos sintamos valiosos y amados). Aunque a veces obliga a reprimir algunas de nuestras emociones más negativas, también hace que evitemos el dolor psíquico que podría derivar de sentirnos poco considerados o desaprobados. Pero el estilo agresivo también tiene sus ventajas: a pesar de que pueda provocar desaprobación, la agresividad puede obtener esa atención que se desea como el bien más valioso; por otra parte, el sentimiento de rabia permite que no sintamos el dolor psíquico relacionado con la temida indiferencia del otro.

Así, se va construyendo paulatinamente un ámbito de normalidad, que se podría definir como un "estilo caracterial" personal, que es resultado de las mejores estrategias que cada uno ha logrado activar en cada momento del desarrollo. Son estrategias que se podrían definir como "de supervivencia", porque procuran un equilibrio entre las necesidades, las competencias posibles en cada edad y la respuesta del ambiente. Es este un modo de funcionar que tiende a estructurarse y estabilizarse, y que la persona va a poner en práctica, sin darse cuenta siquiera, en la mayoría de las relaciones siguientes, y sobre todo las que sean afectivamente importantes. Cada adulto lleva siempre, en su interior, la huella del niño que ha sido, con sus éxitos y fracasos, pero también con las inevitables heridas que surgen de la imperfección natural de las relaciones. Ya sean grandes o pequeñas, estas heridas determinan el modelo defensivo que adopta cada uno, también según la edad en la que se hayan producido.

Volviendo a la relación de pareja, el encuentro que desencadena el enamoramiento es el que responde mejor a la forma que ha asumido la vida psíquica de cada uno hasta ese momento preciso.

Para profundizar en el significado de lo que estoy diciendo, puede ser útil hacer que hable, brevemente, una de nuestras parejas. De este modo, puede resultar más claro lo que me propongo explicar. Como es lógico, son solo elementos muy parciales, porque en este contexto resulta inevitable.

Voy a usar las palabras de Marta y Luca (la primera de las parejas que he presentado) cuando relatan la situación familiar de la que proceden.

Marta: «Yo tengo una familia normal, unida. Mis padres discuten a veces, pero después hacen las paces. Siempre me han dejado muy libre, pero también me han hecho muy responsable, desde pequeña. Cuando tenía 9 años mi madre sufrió un agotamiento nervioso y yo he tenido que hacerme cargo de mi hermana pequeña. Siempre he sido la buena y responsable de la familia, considerada como un recurso para todos».

Luca: «Mi madre se casó muy joven, a los 17 años, porque estaba embarazada de mí. Papá tenía 25 años. Vivíamos con mi abuela, que me ha criado. Papá traicionaba a mamá, y ella se confiaba conmigo muchas veces y lloraba. Mi madre tiene un carácter posesivo y aprensivo, hasta hoy tiende a tratarme como a un niño».

Son pocas palabras, pero nos dejan entrever a Marta y Luca de niños, e imaginar las expectativas del ambiente en el que han crecido, y cómo las sentían recaer sobre ellos. Marta, con el deber de ser responsable, fiable y autónoma, evitando ser un peso para una madre con dificultades, de la que quería recibir, a cambio, el afecto y la sensación gratificante de ser "buena". Luca, con la misión de estar cercano siempre a una madre joven y triste, de ser su confidente y de procurar que se sintiera mejor: así, ha sido un niño afectuoso, pero también limitado por una relación de dependencia.

Como he dicho antes, sobre la base de sus temperamentos, edades y de las exigencias del ambiente, ambos se han "organizado" inconscientemente en el plano psicológico. Han optimizado sus propios recursos para hacerse querer y para configurar su propio "estilo caracterial" profundo, que ha dejado huella en sus modos de ser.

Cuando se conocieron, la historia de cada uno ha tenido un peso importante en la confirmación de la elección recíproca, aunque de modo totalmente inconsciente. Más adelante voy a ilustrarlo mejor.

Y precisamente a partir de Marta y Luca podemos pasar a la escucha del relato que hace cada una de nuestras tres parejas sobre el momento del primer encuentro. Para cada historia, voy a tratar de sacar a la luz el elemento que ha hecho nacer la percepción profunda de una "complementariedad", tanto en el nivel que he denominado "libídico", como en el que he llamado nivel "defensivo".

Es, sobre todo, esta percepción de ser complementarios a un nivel profundo lo que desencadena el enamoramiento.

Marta y Luca: el encuentro

Marta y Luca se conocieron en el comedor de la empresa donde ella trabajaba. Los dos tenían 25 años. Él llevaba varios meses haciendo prácticas en una empresa cercana, e iba a comer al *self-service* de la empresa de Marta. El encuentro ha sido fortuito.

Marta: «Un compañero me había dicho, unos días antes: fíjate, hay un tipo que no deja de mirarte. Me entró la curiosidad, entre otras cosas, porque era un chico realmente guapo. Hasta que un día me encontré detrás de él en la fila del autoservicio... iy como es un tipo algo torpe me pisó un pie! Enseguida se disculpó, por supuesto. Tenía el brazo escayolado por una fractura, y por eso yo le eché una mano con la bandeja. Después nos sentamos en la misma mesa y empezamos a hablar. Además de guapo, enseguida me pareció que era muy agradable e interesante».

Luca: «Ella también era muy guapa: me había llamado la atención desde hacía un tiempo, pero no sabía qué excusa poner para acercarme. Me parecía muy dulce, me daba una sensación familiar. Antes de hablar con ella, ya sentía una atracción fuerte, y hasta he pensado: isi me quedo por aquí, me caso con esta! En realidad, no sé por qué. Aquel brazo escayolado fue mi ocasión privilegiada».

Marta y Luca empiezan a comer juntos habitualmente; luego, a verse también después del trabajo, y se confirman los motivos de interés recíproco.

Marta: «Yo vivía sola, después de una relación importante que había ido mal. Era una persona con un fuerte sentido del deber; trabajaba mucho, me importaba mucho mi carrera y no había tenido mucho tiempo para hacer amigos. Cuando estaba con él, notaba un sentimiento agradable de ligereza y me divertía: él siempre estaba alegre, y tenía grandes habilidades para la relación; era un chico muy sociable, a quien le gustaba estar con los demás. Todo el mundo le quería. Además, enseguida hubo entre nosotros una fuerte atracción física: una constante de nuestra relación».

Luca: «Marta también me atraía mucho físicamente. Yo estaba en mi primera experiencia fuera de casa; hacía poco que había terminado una relación que había empezado en el instituto y que había durado más de seis años, entre crisis periódicas. Surgió una especie de simbiosis, yo estaba totalmente volcado en ella, casi hasta ahogarme. Marta me parecía muy madura, muy mujer. Enseguida he sentido que era una persona fuerte, capaz, valiosa. Era una persona independiente: precisamente eso que yo estaba buscando».

Por lo que respecta a la *organización libídica* (eso que me ha impresionado, eso que me ha gustado del otro), en el caso de Marta y Luca es bastante sencillo identificar cuáles son los elementos.

Marta: «Cuando estaba con él notaba un agradable sentimiento de ligereza y me divertía: siempre estaba alegre y tenía grandes habilidades para la relación; era un chico muy sociable, al que gustaba la compañía de los demás».

Luca: «Marta me pareció muy madura, muy mujer. He sentido enseguida que es una persona fuerte, capaz, valiosa. Era una persona independiente: justo lo que yo estaba buscando».

Además de la atracción mutua en el aspecto físico, a Luca le atrajeron la independencia y la seguridad de Marta (que a él le faltaban); mientras que a Marta le atrajo un modo de vivir la vida más relajado y menos "centrado en el deber" que el que había conocido en su familia.

Por lo que respecta, en cambio, a la *organización defensiva* (el otro considerado como alguien que contribuye de forma concreta a mantener estable mi modelo de funcionamiento), los elementos inconscientes de la atracción mutua se refieren al hecho de que cada uno de los dos resulta "perfecto" para favorecer la estabilización de la estructura defensiva del otro: cada uno de los dos encuentra en el otro la expresión de una parte "ausente" y/o incompleta de sí mismo. Junto a esto, encuentra en el funcionamiento del otro una confirmación y un refuerzo del propio "modo de funcionar" (que es el mejor que cada uno ha llegado a encontrar en el curso de su historia, en busca de un equilibrio entre las propias exigencias y las de su ambiente vital).

El encuentro entre Marta y Luca es "especial" porque supone el inicio de una nueva realidad, una "mente común" en la que las exigencias de ambos se expresan y reciben apoyo. Para Marta, el modo de ser de Luca expresa, por una parte, lo que ella no puede o no sabe expresar (es decir, atenúa su excesivo sentido del deber, que tiene su origen en sus vivencias de niña), y, por otro, justifica y refuerza su necesidad de ser fuerte/competente, en continuidad con su misma historia: Luca necesita que ella siga siendo exactamente la que es.

Para Luca, como en un reflejo, el modo de ser de Marta completa lo que él no puede o sabe expresar (la plena autonomía, que le deje salir totalmente del mundo de su madre), pero también justifica y refuerza la positividad de su ser alegre, "ligero", aunque también un poco dependiente; capaz de una socialidad que hace que Marta se sienta bien: Marta, de hecho, necesita que él siga siendo precisamente quien es.

Costanza y Gregorio: el encuentro

Costanza y Gregorio se conocieron en un avión entre Milán y París. Es difícil imaginar dos mundos de proveniencia más diferentes: Costanza es una chica italiana originaria del sur, la primera de cuatro hermanos, de una familia muy creyente; es licenciada en filosofía y tiene un trabajo de prestigio. No tiene a sus espaldas ninguna relación afectiva importante, porque siempre ha esperado la llegada de un encuentro lo suficientemente serio como para comprometerla de por la vida.

Gregorio, en cambio, es originario de un país africano; proviene de una familia en la que está vigente la poligamia y su padre ha tenido unos treinta hijos de muchas esposas. Su madre es la tercera de ellas. En su país, los niños son hijos de la comunidad y no necesariamente son criados por sus progenitores. Gregorio ha sido criado por un tío que no tenía hijos varones y que se ocupó de que él estudiase en una institución religiosa católica. Era un chiquillo inteligente, al que le gustaba mucho estudiar y que llegó al grado de licenciatura. Ha encontrado un trabajo muy bueno en Milán, que le hace viajar. Cuando conoce a Costanza está volviendo de París: un viaje que los dos recuerdan como un momento decisivo de su historia. Sin saber por qué, enseguida han empezado a hablar de cosas importantes; Costanza ha mostrado mucha curiosidad e interés por las vivencias de Gregorio. Ha percibido que es un chico especialmente inteligente, poco convencional. Han hablado hasta de la fe: él ha dicho que lleva tiempo en búsqueda, que recuerda con nostalgia su tiempo en el colegio y las enseñanzas que recibió entonces.

Gregorio: «He visto en ella algo que llevaba tiempo buscando: una persona limpia, con deseo de formar una familia, pero inteligente y abierta, sin escrúpulos. Enseguida me he sentido comprendido en mis aspiraciones, y no juzgado. Costanza tenía auténtica curiosidad, y le encantaba mi mundo, tan distinto del suyo».

Costanza: «Escucharle era realmente increíble: un mundo tan distinto, con experiencias tan lejanas, y no obstante, tenía la sensación de que él buscaba las mismas cosas...».

Ambos subrayan: «Había algo extraordinario en nuestro encuentro, tan imprevisible: hemos sentido que teníamos un fuerte núcleo común, porque los dos buscábamos lo mismo, aunque nuestros puntos de partida eran muy distintos».

Así, empezaron a verse, y se confirmaron en la primera impresión.

Al contrario que Costanza, Gregorio ha tenido una vida sexual precoz y muy libre. De común acuerdo y, entre otras razones, para poner a prueba la seriedad de su proyecto, optaron por vivir la castidad antes del matrimonio.

Gregorio: «Cuando la conocí, para mí las mujeres no importaban nada, solo se trataba de algo físico. Una vez que le di un beso, ella me dijo: tú no sabes besar, te besas solo a ti mismo. Y era verdad. Pero ella ha cambiado mi forma de ver las cosas, me ha mostrado una nueva perspectiva, ha colmado mi búsqueda».

Costanza: «Él tenía una energía vital arrolladora, pero ha sabido esperarme. Esto me ha dado margen para superar todos mis temores sobre la sexualidad».

También en el caso de Costanza y Gregorio, los aspectos libídicos son fáciles de identificar: atracción física, atracción intelectual, fuerza atractiva vinculada a la diferencia. Los dos reconocen que cada uno muestra al otro una perspectiva de la vida completamente nueva y fascinante. ¿Y los aspectos defensivos?

Costanza y Gregorio se completan, pero también se refuerzan una a otro en la necesidad de mantener el núcleo más profundo de su propio modo de funcionar: Costanza (también movida por su historia personal) es una chica muy responsable, capaz de un fuerte autocontrol. Pero ha tenido una adolescencia ahogada por unos padres muy aprensivos, con miedo a las relaciones afectivas y a sus aspectos sexuales: también por eso la total libertad de Gregorio (en la que no hay sentido de culpa) le parece fascinante; pero al mismo tiempo siente que él valora la capacidad que ella tiene de marcarle aquellos límites que nunca ha conocido, y cuya necesidad y valor ella reconoce.

Por otra parte, Gregorio, que se define a sí mismo como "un gitano", se siente atraído por las certezas y por la estabilidad que le comunica el mundo de Costanza y que a él le han faltado (como le ha faltado, sobre todo, según repite, una madre); ha apostado totalmente por ser muy activo, muy vital, socialmente importante, y en esto ha encontrado su propio modo de funcionar: ahora siente que su vitalidad desbordada (que incluye un matiz defensivo e inconsciente) es algo que Costanza necesita: se siente reconocido y apreciado en lo que aporta a la pareja.

Como para Marta y Luca, también para Costanza y Gregorio funciona un mecanismo análogo: cada uno de los dos necesita al otro para expresar una parte ausente de sí mismo. Pero junto a ello, cada uno se siente reforzado positivamente en su proprio modo de ser, que para el otro es de alguna forma funcional y tal vez, puede que necesario.

Chiara y Matteo: el encuentro

Chiara y Matteo se llevan siete años. En el momento en que se conocieron, ella era una chiquilla de 16 años, y él, un universitario joven y brillante. Se conocieron en Trieste, en casa de una amiga común, el día de su cumpleaños.

Chiara: «Nada más llegar a Trieste, me arrepentí de haber aceptado aquella invitación. Yo era una chica muy tímida, estaba lejos de casa, y en esa fiesta solo conocía a Carla, mi amiga. Estaba muy a disgusto, había muchos chicos mayores que yo y no sabía de qué hablar; me sentía torpe y rara. Matteo era guapo, mayor que yo, y me dirigía la palabra. También me sacó a bailar. Parecía que le interesaba saber quién era yo. Me ha visto...».

Matteo: «Conocía a todas las chicas de la fiesta, que no eran las que querían salir conmigo en esa época... Y la he visto a ella: pequeña, con un rostro interesante, dos ojos grandes y oscuros un tanto asustados. Despertó mi curiosidad. Su modo de mirarme era nuevo para mí, y empezamos a hablar. Enseguida llegamos a temas inesperados, profundos y existenciales. Sabía escucharme».

Cuando Chiara vuelve a casa, prometen que se van a escribir. Y Matteo escribe, dando comienzo a un intercambio de cartas en el que se cuentan uno a la otra. La escritura es más fácil para Chiara por su timidez; y para Matteo ella es una auténtica novedad: le escucha, pero también se enfrenta a él, algo que no hacen ni siquiera sus amigas mayores.

Durante el verano, empiezan a verse: él es el primer novio para Chiara; ella es, para Matteo, la primera novia a la que se toma realmente en serio.

Chiara: «Me encantaba su inteligencia, su capacidad crítica, poco común: yo reflexionaba muchísimo, pero solo conseguía expresarme por medio de la escritura; él, en cambio, era capaz de poner palabras los pensamientos. Me gustaba escucharle, pero también me agradaba ver que se interesaba por mí, aunque fuera tan pequeña y tan cerrada».

Matteo: «Chiara era muy guapa, aunque no lo sabía. Había en ella una cierta inmadurez que me encantaba: me entraban ganas de ayudarla a crecer. No me asustaba ser más adulto que ella, sino que, al contrario, hacía que me sintiera fuerte, no sé por qué».

La situación de Matteo y Chiara no es tan fácil de definir, porque cuando Chiara se enamora de Matteo es, a todos los efectos, todavía una adolescente, una personalidad en construcción.

Las parejas que llegan al matrimonio después de haberse formado en la adolescencia, o cuando uno de los dos era adolescente, tienen una característica específica. Hacen frente al desafío de una relación definitiva, a partir de algo que no puede ser definitivo: en su caso, construyen juntos una parte de su personalidad. Esto supone, por una parte, la vivencia de una pertenencia recíproca muy fuerte y una sensación de cercanía muy especial; por otra, precisamente este encontrarse tan cerca, siendo conocidos uno a otra, también constituye un punto de vulnerabilidad.

Pero también en este caso se puede decir algo sobre la complementariedad inicial entre las posiciones de los dos protagonistas y entre sus diferentes estilos caracteriales.

La necesidad central que expresa Chiara en ese momento es de ser vista: desde niña, ha tenido que esforzarse por llamar la atención, y su modo de lograrlo y sentirse valorada ha consistido en ser muy sensible y en estar siempre atenta a los demás, siendo capaz de escuchar.

La necesidad central de Matteo, en cambio, es la de ser escuchado: desde niño ha logrado llamar la atención en su ambiente, sobre todo gracias a unas formas un poco prepotentes, pero siempre ha deseado que le escuchara alguien que mostrase un verdadero interés hacia él y hacia sus pensamientos, que fuera capaz de estar por encima de sus formas, a veces "difíciles". Necesita la escucha de alguien que esté de verdad contento de escucharle, precisamente como Chiara, que parece agradecida por su confidencia y por su interés. Por eso, podemos decir sin dudas que, en el momento del encuentro, la atracción entre ellos también se nutre de esta complementariedad.

Pero la actitud de escucha de Chiara, que es funcional para Matteo, también nace de una necesidad defensiva: Chiara ha aprendido a dar mucho (¿demasiado?) espacio a la palabra del otro, para sentirse acogida. Matteo, en cambio, utiliza la fascinación de la palabra para buscar un reconocimiento de su valor: lo hace de un modo muy (¿demasiado?) auto-afirmativo, "a veces agresivo", y esto revela en él una vulnerabilidad que quiere ocultar. De este modo, los dos elementos, el libídico («me gusta porque es capaz de verme/escucharme») y el defensivo («cuando él habla, yo puedo escuchar sin necesidad de exponerme / si ella escucha, yo puedo lograr encantarla, y ella hará que yo sienta mi valor») progresan a la vez y se refuerzan mutuamente, haciendo que el enamoramiento sea específico y especial.

Para concluir, podemos resumir brevemente los conceptos más importantes. La fuerza del enamoramiento responde al hecho de que consiste en una especie de "reconocimiento" del otro, porque remite, de una forma misteriosa, a la historia infantil de cada uno.

Al mismo tiempo, en él hay un encuentro entre dos estructuras que son complementarias en el plano psicológico. Su complementariedad está ligada, por un lado, a las dotes de cada uno y, por otro, a su "estilo caracterial", en la forma que se ha construido por medio de las vicisitudes específicas del desarrollo.

Pero es importante destacar que se trata de una complementariedad específica de *esa* fase de la vida: en *ese* momento, con *aquella* historia detrás, con *esas* vivencias relacionales, el otro de quien me enamoro supone para mí el compañero a quien siento como complementario.

Situar la percepción de la complementariedad en el tiempo significa también abrir la consideración de que no se puede tratar de una vivencia estable y definitiva. De hecho, cada uno de nosotros, aunque siga siendo el mismo, cambia continuamente a lo largo del tiempo, a causa de la sucesión de sus experiencias vitales. Por eso, también es posible que, con el paso de algunos años, cada uno de nosotros identifique que tiene una mayor complementariedad con otras personas, distintas de la que hemos elegido, a quien hemos amado y con quien nos hemos casado.

Es realmente posible amar "para siempre": pero no es suficiente el sentimiento de complementariedad.

IV.
IDEALIZACIÓN Y DES-IDEALIZACIÓN

Miedo. De ti. Quererte
Es el más alto riesgo.
Múltiples, tú y la vida.
Te tengo, a la de hoy;
ya la conozco, entro
por laberintos, fáciles
gracias a ti, a tu mano.
Y míos, ahora, sí.
Pero tú eres
Tu proprio más allá, como la luz y el mundo:
días, noches, estíos,
inviernos sucediéndose.
Fatalmente, te mudas,
sin dejar de ser tú,
en tu propia mudanza,
con la fidelidad
constante del cambiar[1].

Pedro Salinas

Un poco de teoría

El acontecimiento del enamoramiento siempre tiene algo de mágico: es la precepción emocionante de un encuentro especial, que hace nacer algo completamente nuevo.

Francesco Alberoni lo define como un "estado naciente": un momento especial, un encuentro con el otro que hace que

---

[1] Pedro Salinas, *La voz a ti debida.*

43

se abran las energías creativas de cada uno, dispuestas a fundirse para dar vida a una realidad novedosa. El enamoramiento es, por ello, un "reconocimiento"; pero no se trata de un movimiento regresivo o involutivo. Todo lo contrario, es la percepción de una novedad: precisamente ese encuentro, que remite al pasado, es lo que estábamos esperando para dar vida al futuro.

Pero, para que podamos percibir al objeto del amor como alguien que corresponde plenamente a nuestro deseo, es necesario un movimiento de *idealización*: en realidad, nos enamoramos de una persona antes de conocerle en profundidad, y el conocimiento que tenemos de ella es totalmente parcial, necesariamente. Es un conocimiento específico, que está simplificado (porque es necesariamente incompleto) pero también profundo: por medio del enamoramiento, logramos percibir, con fuerza y nitidez, algo del verdadero Yo del otro, antes de que el otro se nos haya revelado realmente. Enamorarse supone decir: «Tú eres especial para mí». Es muy distinto de afirmar: «Eres la más guapa, eres la más inteligente, eres la mejor». Esta percepción del otro como complementario y, por tanto, "especial para mí" difícilmente se puede expresar en palabras, porque no se refiere solo a las dotes que le reconocemos. Incluye también un verdadero tesoro de conocimiento preconsciente, porque nos hace intuir algo de lo que el otro "es". Notamos que solo nosotros somos capaces de percibir todo el valor que tiene para nuestra vida.

Percibir la unicidad del otro supone una intuición que es necesario conservar cuidadosamente, y cultivar en el corazón. Si, con el tiempo, llegamos a ser capaces de expresarla en palabras, llegaremos a entender mejor el valor específico de aquel encuentro y todo el potencial que encerraba para nuestra vida.

El enamoramiento entraña, por tanto, un movimiento de idealización: un proceso espontáneo y necesario, que lleva a destacar la percepción de los aspectos positivos y a minimizar la de los aspectos menos satisfactorios o negativos del otro y de la relación. Las dos personas enamoradas desean una cercanía creciente, que les permita vivirse como unidad; tienen el deseo de fundirse en una realidad única, que les constituya casi en una sola persona, perdiéndose sin temor el uno en la otra. Para hacer esto, es necesario, a nivel inconsciente, "sacar" del espacio compartido todas las posibles percepciones desagradables, para concentrarse en los puntos que unen y que nos hacen percibir la cercanía.

Por este motivo, en la fase de enamoramiento son muy comunes, en la mayoría de las parejas, algunas fantasías, que de las que solo son conscientes en parte. Entre ellas, la de ser una realidad verdaderamente especial, diferente a las demás. Las personas enamoradas sienten esto: «Nuestra relación es distinta; nuestra relación no es imperfecta como la de nuestros padres; nosotros no vamos a cometer los errores de los demás; nuestra relación es única y especial».

Para seguir siendo "ideal", la relación tiene que mantenerse cuanto sea posible fuera de la vida contingente, y evitar el choque con todo aquello que podría romper la percepción de su carácter excepcional. Las parejas que tienen una necesidad demasiado fuerte de mantener su relación a este nivel (que es especialmente placentero y gratificante), a veces tienden a posponer y retrasar cualquier decisión definitiva, como la del matrimonio. Temen que la cotidianidad, con sus momentos prosaicos y repetitivos, ligados al hecho de compartir una vida en común, disminuya la tensión amorosa y los aspectos emocionales más satisfactorios. En algunos casos, además, la pareja tiende a aislarse y a concentrarse solo sobre sí misma, y esto tiene también la función inconsciente de evitar una confrontación de uno, o de los dos, con una realidad que podría presentar matices críticos desagradables, que ponen en crisis la idealización.

Sin embargo, cuando la pareja empieza a compartir su vida cotidiana, con la cercanía constante y el aumento del tiempo que pasan juntos, aumenta también la dificultad para mantener elevados los niveles de tensión emocional y de idealización. Los problemas de carácter práctico que la vida plantea cada día exigen una negociación continua, que es especialmente difícil para las personas que se casan en edad más adulta, tal vez después de haber vivido mucho tiempo solas y de haber consolidado sus propias costumbres. Al vivir juntos, es necesario hacer frente a la totalidad del otro, que se nos manifiesta en toda su concreción. Ya no es posible centrarse solamente en sus aspectos más idealizados, sino que es necesario aprender a tratar su personalidad en su conjunto, con sus valores (tal vez todavía por descubrir) y también sus límites, sus defectos y sus imperfecciones.

En esta fase, se experimentan sentimientos de decepción. Es muy importante entender que no provienen de un proceso objetivo (es decir, relacionado con las características del objeto), sino más bien de un proceso subjetivo. En realidad, el otro no ha cambiado, sino que sigue siendo quien era antes; el cambio que se percibe se refiere a la imposibilidad añadida de mantener fuera de la conciencia lo que nos agrada menos de él, y de aceptar la imperfección natural de esa persona de quien nos hemos enamorado y a quien hemos elegido.

Los momentos de cansancio, de desilusión y a veces de decepción son inevitables y suponen, a todos los efectos, un primer momento crítico importante del matrimonio.

Este paso se puede producir en momentos y muy distintos, dependiendo de cada pareja. La mayoría de las parejas tiende a mantener alto, todo el tiempo que sea posible, el nivel de idealización de la relación. Ser consciente de esos aspectos del otro que nos decepcionan, sin desamorarnos por ello, es un paso muy complejo desde el punto de vista psicológico, y hay muchas "estrategias" inconscientes para tratar de evitarlo. Entre ellas, una de las más comunes e inconscientes es aliarse para que "eso que no funciona" se pueda percibir, de común acuerdo, como procedente del mundo exterior.

La posibilidad de un "enemigo externo" siempre es muy funcional al juego de la pareja. El "enemigo" (lo que puede dividir), puede tener tipos muy diversos: puede tratarse del trabajo, de la relación con las familias de origen, de dificultades económicas o de cualquier otra dificultad objetiva de uno o de ambos; en todo caso, su presencia permite trasladar el conflicto fuera de la pareja. Gracias a esta estrategia inconsciente podemos pensar que, si ya no nos gusta como antes o no nos ponemos de acuerdo en algo, no es debido a nuestras diferencias, límites o incompatibilidades personales (que tendremos que aprender a tolerar y aceptar), sino más bien por culpa de un tercer evento. Viene a ser como declarar: «Es verdad, no me acaba de gustar tu modo de ser, pero no eres tú quien me decepciona: lo que me decepciona (o hace que me sienta mal) de ti no depende de ti, sino de tus dificultades en el trabajo, de tu familia, de las dificultades económicas, de esto o aquello que ha sucedido. Si esto no existiera, yo no sentiría que me decepcionas». Al trasladar el centro de atención a un enemigo externo, se puede evitar, incluso a largo plazo, hacer frente a lo que supone el verdadero problema relacional: la necesidad de acoger el hecho inevitable de que el otro, aunque sea el mejor, sigue siendo solamente quien es, una persona con sus limitaciones.

El amor verdadero solo puede nacer de este punto de partida, cuando empezamos a ver y a aceptar, sin escandalizarnos, que el otro tiene sus fragilidades: no solo las que ya teníamos en cuenta, y que quizá hasta nos habían dado ternura; sino también otras que, a todos los efectos, son un "defecto", un elemento molesto, un tropiezo. Son cosas que no nos gustan y que nunca podrán gustarnos, porque los defectos no pueden gustar.

Como dice san Pablo en el Himno a la Caridad, es empezar a conocer «el amor que todo lo aguanta y que todo lo espera» (cf. 2Co 13, 7): un amor que sabe considerar en su justa medida también eso que no va bien.

Imaginación y realidad

Para entender mejor el tema de la idealización y del cansancio que sigue a la posterior des-idealización, creo que nos puede ser especialmente útil la historia de Costanza y Gregorio (nuestra segunda pareja), porque su proceso inicial de idealización ha sido especialmente intenso.

Durante toda la fase del noviazgo, la atención de Gregorio y Costanza ha estado centrada en la percepción de ser muy complementarios dentro de su diversidad, y de compartir la búsqueda poco común de una dimensión de valores muy alta. Costanza nunca ha tenido relaciones sentimentales importantes, a la espera de encontrar un hombre capaz de entender y compartir profundamente la idea de relación y de familia a la que ella aspira; en cambio, Gregorio ha tenido una vida afectiva y sexual desordenada, pero llevaba tiempo buscando una dimensión distinta: lleva dentro la nostalgia conmovedora de una madre, porque nunca se ha sentido lo bastante importante para ella, y de unos hermanos que le hacían sentirse como un "extranjero". Tiene un profundo deseo de familia, una familia como la que ha tenido Costanza y de la que ella misma es como una promesa. Además, la inteligencia despierta de ambos, su curiosidad hacia lo nuevo y su apertura mental parecen ser garantías frente a las dificultades del futuro: la comunicación entre ellos parece muy rica, intercambian mucho sus puntos de vista y sienten un gran entendimiento.

Costanza y Gregorio, los dos con más de treinta años, no son ingenuos: saben que su vida no va a ser fácil. Es uno de los motivos por los que buscan la guía y la ayuda atenta de un sacerdote que acompaña a Gregorio en el recorrido de conversión, que ya había empezado y que se ha hecho más fuerte cuando conoce a Costanza.

En el momento del matrimonio, la alianza "especial" se ve reforzada también por las perplejidades que expresa el mundo exterior. Sobre todo, el padre de Costanza se opone a la boda, y considera que la elección de su hija puede ser como la punta del iceberg de algún problema no resuelto. En cambio, a ambos les parece que su proyecto es ambicioso y muy bonito, y esto hace que estén muy unidos.

Los valores compartidos, junto con el continuo contraste de ideas y el intercambio intelectual, sigue siendo su punto más fuerte y les permite superar las dificultades inevitables en el matrimonio. Un desafío particular para ellos es la sexualidad: para Costanza supone un campo completamente por descubrir, y eso exige de Gregorio un planteamiento totalmente nuevo: ser fiel a Costanza, según su decisión libre, representa para él un horizonte muy difícil, aunque justo por eso también fascinante, porque supone un signo muy fuerte de ese nuevo recorrido que quiere emprender.

Como se puede apreciar, el elemento de idealismo en este matrimonio ha sido muy alto desde el primer momento. El encuentro entre Costanza y Gregorio se produce entre dos personas que se proponen hacer vida real los mismos valores, que giran alrededor de la importancia que dan al mismo modelo de relación y de familia, y que cultivan con cuidado un diálogo abierto.

Precisamente esto nos ayuda a entender que el tema de la idealización y de la des-idealización es, en realidad, más sutil de lo que podría parecer a primera vista. De hecho, ya durante el noviazgo, Costanza y Gregorio tenían claro que se podían encontrar muchas dificultades, y se estaban preparando para ello. Pero ninguno de los dos podía anticipar la auténtica *cualidad* de las dificultades que se iban a encontrar.

Los dos niños llegaron casi enseguida, muy seguidos. Y también se presentaron, a la vez, todas las dificultades: los numerosos compromisos diarios, el cansancio físico de los embarazos, el cambio en el cuerpo de Costanza, el alejamiento frecuente de Gregorio por razones de trabajo. La escasez de tiempo y la necesidad de hacer frente a problemas muy prácticos y contingentes hacen que disminuyan los momentos de comunicación y de entendimiento profundo, intelectual y espiritual, entre los cónyuges. Entonces, empiezan a hacerse notar las acusadas diferencias, relacionadas con su historia, y de forma cada vez más notoria. En concreto, la precisión y el rigor con los que Costanza plantea la vida familiar y los aspectos educativos, que ha adoptado de su familia, a veces parecen excesivos a Gregorio (aunque él los valoraba antes). Él se siente como enjaulado. Dice: «Para que ella esté contenta, tendríamos que ser perfectos».

Costanza, por su parte, sufre sobre todo porque siente que Gregorio es menos atento y delicado al acercarse a ella físicamente. Nunca se ha sentido muy guapa, y ahora su cuerpo, más pesado a causa del embarazo, hace que se sienta muy insegura. Empieza a pensar que no le gusta a su marido, y se siente herida. Cada uno de los dos se da cuenta de que, más allá de los aspectos idealizados, el otro tiene lados difíciles de aceptar en la vida diaria. Esos aspectos, a los que se están enfrentando ahora, ya estaban en cada uno, como la cara oscura de la moneda. El entusiasmo de la fase de enamoramiento los había contenido y marginado, pero ahora hay que hacer cuentas con esta parte menos agradable del otro, que objetivamente estaba presente, pero subjetivamente se había apartado.

Ambos empiezan a pensar que el otro ha cambiado, que su amor se está enfriando. Empiezan a notar una irritación recíproca y creciente, que les lleva a discutir demasiado, también por pequeñeces.

"La calidad" de las dificultades que salen al paso de Gregorio y Costanza les deja desprotegidos, precisamente por su "carácter prosaico", casi diría que por su "banalidad": la vida les desafía y les enfrenta, no sobre esas cosas grandes, para las que están preparados, sino sobre muchas cositas pequeñas y molestas de la vida diaria. Les aleja el modo tan diferente que tienen de considerar y de gestionar las numerosas preocupaciones de la vida cotidiana.

Otra dificultad imprevista nace de las expectativas no manifiestas sobre el rol, que salen a la luz, principalmente, con la llegada de la paternidad y maternidad. Cada uno de nosotros ha interiorizado un modelo de familia, que le lleva a considerar "adecuado" o "erróneo" un determinado modo de ser madre, padre, marido, o mujer; cada uno lleva consigo expectativas de las que no es consciente hasta que, con la llegada concreta de los hijos, salen a superficie de una forma evidente y bastantes veces conflictiva. Con la paternidad y maternidad vuelve a cobrar fuerza también la semejanza de cada uno con su familia de origen, con sus costumbres, sus rituales, sus prioridades; dos modelos diferentes que se encuentran frente a frente, y es necesario encontrar las mediaciones oportunas.

Cuando, además, los niños llegan muy pronto, como en el caso de Costanza y Gregorio, (y a veces llegan antes del matrimonio y de la convivencia) la pareja puede encontrarse con una situación especialmente difícil. Todavía no se ha desarrollado con la fuerza suficiente, a partir de los dos troncos familiares, una planta nueva con sus características propias.

No solemos pararnos a pensar que muchas de las molestias e incomprensiones que nos afligen nacen de nuestras diferencias, que son inevitables: de sexo, de educación, de temperamento, de sensibilidad. Ante las divergencias, nos hemos acostumbrado a pensar que uno tiene razón (solemos ser nosotros) y otro está equivocado (normalmente el otro). Pensamos que el otro tendría que cambiar, y cuando no lo hace, nos convencemos, con cierto disgusto, de que "no puede o no quiere cambiar".

En cambio, lo que hace falta es cambiar de paradigma, para salir de la rígida dicotomía entre razón y error. Los primeros conflictos reales, los que van de la mano con la inevitable desilusión, que está unida a la caída de la imagen idealizada del otro, tienen que inaugurar una fase nueva de la vida de pareja: la fase de la reorganización.

V.
LA REORGANIZACIÓN DE LA PAREJA.
ACOGER LA AMBIVALENCIA

El principio de la comprensión consiste en que uno consienta al otro la libertad de ser quien es… que no le mire como a un elemento del propio entorno vital, del cual se puede servir, sino como a un ser que posee un centro originario, su propio orden de vida, que tiene deseos y derechos propios[1].

Romano Guardini

EL SOCAVAMIENTO PROGRESIVO DE LA idealización que sostenía las primeras fases del matrimonio arroja una nueva luz sobre la diferencia del otro. No es un descubrimiento que tenemos gustos distintos, pensamientos diversos, modos diferentes de afrontar las cosas. Si acaso, el descubrimiento radica en que esta diferencia se revela como más complicada de lo previsto. Así, descubrimos que la vida en común incluye muchos desafíos: conciernen a aspectos prácticos y psicológicos a la vez, que la pareja tiene que afrontar poco a poco, sin asustarse de las dificultades que, inevitablemente, va a encontrar. Cada uno va a considerar más fácil o difícil un determinado aspecto, en relación con su historia anterior, con la madurez que haya alcanzado, con las características personales que confieren a cada uno unos puntos de fuerza y otros de debilidad.

Vivir bien juntos significa, en primer lugar, aprender el significado de la "comprensión". Pero para comprenderse hace falta aprender a comunicar.

---

[1] Romano GUARDINI, *Virtù*, Morcelliana, Brescia 2008, p. 138.

La comunicación en la pareja no es algo tan inmediato y sencillo como nos parece cuando el enamoramiento hace que nuestros límites se vuelvan más flexibles y las distancias entre nuestros dos mundos parezcan acortarse. El primer paso, indispensable, para que haya verdadera comunicación (y, en consecuencia, para llegar a comprendernos) es dar plena legitimidad a la diferencia del otro, como dice de forma muy aguda Guardini. ¿Pero quién es el otro, realmente?

Por la misma naturaleza de las cosas, nuestro conocimiento de la persona con quien nos casamos solo es parcial. Su vida no ha empezado con nosotros, sino en otro lugar: ha adquirido un modo de "sentir" las cosas distinto al nuestro, y ha vivido en un clima relacional que también puede haber sido muy diferente del nuestro.

Debido a esto, en el matrimonio es necesario desarrollar una verdadera curiosidad hacia el otro. A todos los efectos, el otro es un descubrimiento que nunca se puede agotar por completo.

Es interesante descubrir la realidad de que, con frecuencia, las incomprensiones y dificultades se manifiestan precisamente en aquellas áreas de funcionamiento del otro que, en la fase de enamoramiento, parecían complementarias a las nuestras. Eso que nos había impresionado y que nos atraía, ahora se convierte, paradójicamente, precisamente en el punto de arraigo de los aspectos más críticos.

Para comprender mejor lo que quiero decir, voy a retomar por un momento la historia de la primera pareja: *Marta y Luca*.

Su vida en común se ha estructurado sobre los presupuestos de su encuentro: Marta, que ha sido elegida y valorada precisamente por sus dotes de autonomía y por su seguridad, ha seguido siendo la "fuerte" en la vida de pareja. Ha afrontado bien el nacimiento de los tres hijos. Tras el nacimiento del tercero, ha decidido, de acuerdo con su marido, dejar su trabajo de directiva, para que Luca pudiera avanzar con mayor libertad en su carrera. Ha sido una decisión bien ponderada, de la que Marta no se arrepiente tampoco ahora; pero es uno de los factores que ha reforzado en la familia una especie de "división de las partes", en la que Luca ha acabado por delegar en ella la mayoría de las decisiones comunes. Por un lado, esto le alivia de las preocupaciones (y le deja libre también para invertir más en su trabajo), pero, por otro, le hace cada vez más dependiente y marginal en la vida familiar. Marta, que, por un lado, obtiene mucha satisfacción al constatar su independencia y su capacidad de arreglarse sola, por otro empieza a su vez a sentirse cada vez más sola y poco apoyada por su marido.

Marta: «En cualquier asunto que discutamos los dos, él dice: "Decide tú, que me parece bien". Y añade: "Cuando, alguna vez, he tenido un problema, él se marchaba: no estaba para mis peticiones de ayuda. Cuando los niños eran pequeños, Luca también ha pasado por un periodo de graves dificultades laborales, y cayó en la depresión: yo me he hecho cargo de todo. He reducido mi trabajo, que me importaba mucho, para que él pudiera desarrollar su carrera: ha sido una decisión libre, no me arrepiento, pero... Él me deja todas las decisiones importantes. Dice que lo hace porque se fía, que soy muy capaz. Pero, de este modo, yo nunca tengo en quien apoyarme».

Por otra parte, también Luca se ve en cierto sentido "encajonado" por las reglas no explícitas del juego común. Cuando hablamos sobre cómo funcionaban las cosas antes de la crisis más grave entre ellos, dice:

Marta siempre ha sido para mí una roca, un referente y un apoyo fundamental. Pero cuando ella necesita algo, yo no sé cómo ayudarla: veo que se organiza muy bien sola. Me parece que, en realidad, nunca me necesita de verdad. Muchas veces, también me parece que no se fía del todo, tampoco en lo que tiene que ver con mi trabajo.

En la historia de Marta y Luca se observa una dificultad para "reestructurar" su relación. El elemento crítico parece estar relacionado con una evolución insuficiente de la imagen que se ha hecho uno de la otra: Luca sigue pensando en Marta solo como "fuerte, independiente, autónoma", sin dejar espacio también a sus necesidades, que ni siquiera imagina. Marta sigue pensando en Luca como dependiente y poco capaz de dar apoyo, nunca le muestra su propia fragilidad y, de este modo, no facilita el desarrollo de aquellas competencias masculinas más adultas que a él le faltan.

La relación se ha estructurado sobre la base de una visión correcta, pero parcial e incompleta, porque está unida a esa fase de la vida en que ambos eran más jóvenes. De ello se sigue, inevitablemente, que es una visión insuficiente de la personalidad de cada uno. Con el paso del tiempo, tanto Luca como Marta han crecido y cambiado, se han convertido en padres, han tenido experiencia de sí mismos en ámbitos diferentes de la vida. Por eso tienen deseos nuevos de reconocimiento; eso que funcionaba al principio para los dos, ahora se ha convertido en un contenedor demasiado estrecho. De este modo, cada uno de los dos acaba por sentirse insatisfecho y poco comprendido, y atribuye la responsabilidad al otro.

Vamos a verlo con sus palabras.

> Luca: «Ella es fuerte, es madre, es valiosa. PERO a veces lo es "demasiado", y no se fía de mí, hace que yo sienta que tengo poco valor, como si fuera inconsistente».

> Marta: «Él es luminoso, alegre, se toma las cosas de una forma ligera, que es agradable. PERO a veces logra que yo me sienta sin apoyo, desprotegida».

Sin que ellos se hayan dado cuenta, con el tiempo se ha creado una especie de circuito que refuerza las dos posiciones recíprocas: la posición de fuerza de Marta refuerza la posición de fragilidad de Luca... que se convierte a su vez en refuerzo de la posición de Marta.

En este caso se habla de un *refuerzo circular disfuncional de las posiciones:* un mecanismo frecuente y por lo general del todo inconsciente, que provoca sufrimiento en la pareja y bloquea su desarrollo.

Como en la mayoría de los casos, también en este la relación ha nacido y florecido según el modelo de la complementariedad, que ha facilitado la atracción recíproca y que al principio era funcional para ambos. Pero, poco a poco, este modelo se ha estructurado en un funcionamiento de pareja rígido y, por ello, disfuncional, que hace daño a los dos. De este modo, tanto para Luca como para Marta, resulta difícil desarrollar plenamente su personalidad, para hacer que salga a superficie esa parte de cada uno que todavía no se ha expresado del todo. Luca necesita que alguien le anime a experimentar (también en el aspecto afectivo) su competencia masculina adulta, capaz de responsabilidad, cuidado y custodia de las relaciones familiares; Marta, en cambio, necesita la posibilidad de reducir el control y permitir que salga a la luz una feminidad que también es capaz de confianza.

Como consecuencia, en la pareja se ha creado un área de incomunicación e incomprensión, y la relación deja de crecer. Eso es, en cambio, lo que tendría que hacer cualquier organismo vivo.

Personalidad y carácter

Ya he señalado que ese elemento que nos molesta del otro, a partir de un determinado momento, suele tener su origen en lo que nos gustaba de él: su forma de ser idealista, su discreción, su entusiasmo, su lado artístico, su ligereza, su concreción, su autocontrol. Ahora, todo esto "es demasiado", o "ya no es suficiente". Es como si nos chocásemos con el hecho de que cualquier modo de ser es, siempre, unilateral y, siempre, insuficiente. En efecto, es así. No solo por lo que respecta al otro, sino también en lo que se refiere a nosotros mismos: cada modo de ser es insuficiente, cada personalidad es incompleta; y es frecuente que, al mejor de nuestros dones le haga de contrapartida el mayor de nuestros defectos. Ser personas "demasiado" entusiastas, por ejemplo, puede hacer que a veces seamos cansinos para los demás; igual que ser "demasiado" generosos, "demasiado" controlados, "demasiado" asertivos. A no ser que aprendamos a enriquecer nuestra personalidad y a aportar un mejor equilibrio a nuestros dones, seguiremos siendo personas incompletas y nuestras relaciones se van a resentir de ello.

¿Pero qué es la "personalidad"?

Podríamos definirla como un "modo de funcionar" específico, una configuración psíquica de carácter estable. Este estilo personal es el resultado de la interrelación entre las características del temperamento de cada uno y el complejo universo de sus experiencias afectivas y relacionales.

A lo largo de su crecimiento, un niño necesita muchas cosas. En mi libro *La familia imperfecta* las he sintetizado en dos voces fundamentales: la necesidad de amor y la necesidad de respeto. El niño necesita tener con quien le cuida un vínculo estable, en el que se sienta reconocido y apreciado; pero también necesita recibir una guía y una orientación seguras, y experimentar que el adulto respeta su límite físico y psíquico, que favorece su proceso de individualización. A estas necesidades, que cambian en forma e intensidad durante el desarrollo, el ambiente en que vive el niño responde de formas muy diversas, que le hacen experimentar estados de satisfacción o de frustración.

La coexistencia de satisfacciones y frustraciones es una realidad normal en la vida de cualquiera, porque normalmente el sistema-familia es, como todos los sistemas humanos, imperfecto. Por eso, todos llevamos con nosotros la impronta de nuestras experiencias, ya sea positiva o negativa.

Cada niño, y cada uno según su temperamento y su dotación innata de inteligencia y recursos, busca la mejor adaptación posible con su ambiente. Lo hace en el intento de obtener el amor y la aprobación de las personas que le importan, y al mismo tiempo para defenderse del dolor psíquico que siente cuando alguna de sus necesidades básicas no encuentra una respuesta adecuada. Este "modo de adaptarse" personal estructura poco a poco eso que ya he llamado el "modelo defensivo" de cada uno, al que corresponden, al final del proceso de desarrollo, un "estilo caracterial" y una "personalidad" definida.

En la primera edad adulta (una fase que podemos situar actualmente alrededor de los 23/25 años), nuestra personalidad ya ha adquirido unos rasgos bien definidos y su núcleo central se presenta bien caracterizado, para bien y para mal: la fisionomía alcanzada refleja el conjunto de lo que somos, por cómo nos hemos "organizado" en el entrelazamiento entre nuestros dones, nuestros defectos, nuestras necesidades y las respuestas o las incomprensiones que hemos encontrado en nuestra experiencia.

Constituye un depósito bastante estable y esto supone que, a partir de esta edad, tendemos a activar también en las nuevas situaciones que nos salen al paso el estilo y las formas que hemos aprendido en las relaciones ya vividas.

Así, en la primera edad adulta ponemos las bases de nuestro carácter, con sus valores y sus defectos. Pero esto no quiere decir, aunque se crea que es así, que el carácter es algo definitivo o absolutamente inmodificable. Más bien, se trata de un punto de partida sólido, pero que no nos quita nunca del todo la posibilidad de usar nuestra libertad para seguir creciendo, para llegar a ser personas más completas y también mejores compañeros de vida para los demás.

Todos venimos de una historia, y el recorrido común siempre va precedido por elementos más o menos prolongados y complejos de las historias personales. A pesar de ello, y sobre todo después de algunos años juntos, vivimos al otro como si siempre hubiera formado parte de nuestra vida. Tendemos fácilmente a olvidar que sus raíces son "otras", y que además sigue siendo imposible eliminarlas, porque constituyen un elemento identitario fuerte. Es tan fuerte que sale a superficie con vigor en los momentos de dificultad o de conflicto, y se convierte en fuente de una contraposición muy encendida. Por ello, incluso después de décadas de matrimonio, una de las constantes en las discusiones de pareja sigue siendo la de atacar al otro en su "procedencia de otro lugar": si estamos, realmente, muy enfadados, atacamos a sus padres, o la educación que ha recibido, o el ambiente en que ha vivido. No importa que hayan pasado muchos años: en el esfuerzo por ponernos de acuerdo atacamos su forma distinta de ser, porque sus raíces están en otro lugar.

No hemos de asombrarnos de esto, ni convertirlo en un drama. No es posible cambiar la diferencia en las raíces. Pero, en el fondo, tampoco es un verdadero problema. Lo importante es que construyamos un mismo árbol nuevo, que recibe su linfa de nuestras dos identidades.

La ambivalencia relacional

Es natural tener sentimientos contrastados hacia las personas que amamos. Hay aspectos del otro, también de las personas a quienes más queremos, que no nos gustan nada. Tal vez nunca lograremos apreciarlos. Es una experiencia que también se tiene con los hijos: una vez que se han hecho adultos son ellos mismos, con valores que apreciamos, pero también con defectos que preferiríamos no ver. Sin duda, esto no impide que les queramos. ¿Acaso no vivimos sentimientos ambivalentes también hacia nosotros mismos? ¿No querríamos muchas veces ser diferentes a cómo somos?

La cuestión, entonces, es aceptar a la persona elegida, también con los aspectos que nos gustan menos, y sobre todo aprender a contextualizarlos, a darles su dimensión y su importancia justas, sin pensar que nos hemos equivocado de marido (o mujer) y de matrimonio. Desde el punto de vista psicológico, esto se llama "acceso a la sana ambivalencia": aceptar que vamos a sentir a la vez y alternativamente, simpatía y antipatía, amor y odio, hacia la persona que amamos, y saber que es "normal".

Una de las cosas más difíciles de la vida de pareja es encontrar el justo equilibrio entre eso que tenemos que aprender a aceptar y lo que podemos (a veces debemos) pedir que el otro cambie. No todo lo que no nos gusta se puede cambiar: podemos indicar al otro lo que nos molesta o nos plantea dificultades, pero el verdadero cambio, cuando es posible, siempre depende de una decisión personal de cada uno.

Tal vez nos podemos apoyar en esto: *siempre es* posible cambiar lo relacionado con los comportamientos. No es fácil, porque cambiar un comportamiento habitual exige una voluntad determinada a hacerlo; pero se puede.

Si la persona que queremos nos señala un comportamiento que le molesta, lo justo es tratar de cambiarlo. Pero las demandas a las que se puede responder de verdad son las que se refieren a comportamientos concretos. Un ejemplo podría ser el que se refiere al *modo* con el que hacemos frente a las discusiones: podemos aprender a no gritar y/o a no decir palabras malsonantes, podemos esperar al momento más oportuno para sacar un argumento difícil, podemos decidir que, si la tensión es demasiado alta, vamos a aprender a dejarlo para más adelante. Estos mismos principios valen también para las demás cosas, que son numerosas y solo aparentemente "menores" en las que somos capaces de molestarnos mutuamente: la luz encendida/apagada en la habitación, quién/cómo/dónde pone orden, los comportamientos en la mesa, quién tiene el mando de la tele, cómo decidimos los programas de televisión... hay infinitos ejemplos, y podemos/debemos hacer el esfuerzo de salirles al paso, para que la vida de ambos sea más agradable.

En cambio, a nadie se le puede pedir que se convierta en "otro" diferente al que "es". La persona introvertida no va a volverse extrovertida, el reservado no va a hacerse expansivo y el melancólico difícilmente va a llegar a ser una persona alegre.

Cada tipo de temperamento y de carácter tiene sus pros y sus contras, y lo sabio es aprender a tomarlos como lo que son.

A nadie se le pide que sea un psicólogo agudo, pero a todos nos puede interesar hacer el esfuerzo por comprender (y aceptar) un poco más a la persona que tenemos a nuestro lado.

No todo es lo que parece

Por volver a nuestras parejas, puede ser un ejercicio útil seguir la forma en que Chiara y Matteo (la pareja que ha entrado en crisis por un enamoramiento imprevisto de ella) han empezado a comprenderse. Lo que va a salir a la luz ha nacido en el curso de los encuentros en los que ambos han hablado de sí mismos. Así han desnudado, cada, algunos aspectos de su mundo interior de los que nunca habían hablado.

La presencia de una crisis grave ha sido necesaria, en este caso, para que cada uno descubriera progresivamente al otro. Pero no debería ser necesario llegar a este punto para abrir el propio corazón a la confidencia. Se puede alcanzar una confidencia cada vez más profunda si encontramos en el otro a un interlocutor sinceramente atento, que tenga una curiosidad benevolente, que esté dispuesto a una escucha que percibamos como respetuosa y no judicial: la escucha de un amigo.

Chiara se define a sí misma como una persona a la que le encanta escuchar. Se percibe como receptiva, curiosa, interesada por lo nuevo. Por lo demás, esto es lo que más ha impresionado a Matteo al conocerla. Pero, cuando habla de sí misma y de su historia, sale a la luz que su especial capacidad para escuchar atentamente a los demás (que sin duda es un don que tiene) no nace solo de una actitud personal positiva: es también una característica que se ha desarrollado a causa de una antigua necesidad defensiva: Chiara ha aprendido a dar mucho (¿quizá demasiado?) espacio a la palabra del otro porque esto hacía que se sintiera especialmente apreciada. En la breve reconstrucción de su historia, ha salido a superficie una niña nacida inesperadamente, con muy poca distancia de su hermano y en un momento crítico para sus padres; esto ha hecho que ella se sintiera (sin culpa de nadie) poco deseada. Con el crecimiento, Chiara se convirtió en una chiquilla inteligente y muy introvertida, con fuertes emociones que era incapaz de expresar y deseosa de evitar cualquier cosa que pudiera atraer una atención demasiado directa sobe sí. Que se trata de una dimensión defensiva se percibe, como siempre, por el "demasiado": la escucha de Chiara está frecuentemente ligada a su escasa capacidad de "decirse" y de pedir una escucha también para sí misma. ¿Pero de qué tenía que defenderse la niña Chiara?

Como todos los niños, Chiara tenía un gran deseo de obtener el afecto y el reconocimiento de los demás, pero la situación en la que ha nacido exigía de ella que fuera una niña especialmente "buena"; por eso, ha vivido su profundo deseo de afecto con la percepción de ser "demasiado ansiosa".

Sentirse tan ansiosa, justo cuando todos la consideraban una niña generosa y atenta con los demás, ha provocado en ella una sensación profunda de vergüenza y la necesidad de esconder a los demás su intimidad: nadie tendría que descubrir nunca, detrás de la niña generosa y dócil, su verdadera naturaleza de niña "mala".

En las relaciones con los demás, esto le ha llevado a estructurar una especie de "avaricia de sí", una parsimonia en el momento de compartir de manera espontánea y abierta sus sentimientos y sus emociones: precisamente eso que, con el avance de su relación, ha empezado a hacer sufrir a Matteo.

Matteo, por su parte, es una persona muy afectiva, con una emotividad cálida, que establece fácilmente vínculos con los demás. Aparentemente, también es un joven muy seguro de sí mismo, "demasiado" seguro, tanto que a veces llega a parecer arrogante. También esta vez, es el "demasiado" lo que nos conduce a los aspectos defensivos de su modo de funcionar.

Matteo es el último de cinco hijos, y el único varón. Su infancia ha transcurrido entre dos sentimientos muy contradictorios: el de ser especial (por ser varón) y el de ser excluido (por ser varón y pequeño, detrás de un grupo de cuatro hermanas). Su padre apenas estaba en casa por el trabajo y a Matteo le ha costado entender el modo de afirmar positivamente su diferencia masculina. Para abrirse espacio entre las mujeres de la casa, empezó a utilizar modos más bien prepotentes, que provocaban la desaprobación de ellas, pero que también le ganaban respeto.

Al profundizar en su conocimiento, en realidad sale a la luz un chico con dudas frecuentes sobre sí mismo y su valor, que busca desde siempre una relación que le asegure y le confirme. Cuando conoció a Chiara, su escucha atenta y el interés que ella mostró hacia sus discursos "de mayor" le dieron la sensación de haber encontrado por fin a una figura femenina capaz de apreciarle de verdad. Matteo, en efecto, lleva dentro la antigua sensación de no ser apreciado de verdad: tal vez el respeto de las mujeres de su casa estaba más dictado por el temor a sus reacciones que por el reconocimiento de sus capacidades.

Las personas como Matteo suelen convivir con un estado profundo de ansiedad, porque procuran continuamente que nadie se dé cuenta de su fragilidad. Esto puede hacer que parezcan demasiado seguros, casi arrogantes en su actitud. Además, el temor les puede hacer pesimistas y agudizar la destrucción de su sentido crítico, que en sí mismo sería un rasgo de la inteligencia. Precisamente estos últimos aspectos son los que más han hecho sufrir a Chiara en el tiempo previo a su crisis.

Como se puede ver, en el ámbito de la vida psíquica, nada es simplemente como parece, y esto tendría que hacernos simultáneamente curiosos y prudentes hacia las personas que tenemos alrededor. Cada uno de nosotros es un mundo y nunca deberíamos detenernos solo en la superficie. No es fácil conocer, no es fácil entender; pero el amor también tiene algo de curiosidad y, si de verdad queremos, en el matrimonio tenemos mucho tiempo por delante para ponernos a prueba una y otra vez: tenemos toda la vida.

Los desafíos de la vida en común

Como he señalado ya, vivir juntos implica numerosos desafíos, grandes y pequeños, de los que no siempre somos plenamente conscientes. Para poder afrontarlos mejor, podemos hacer la prueba de observar alguno de ellos más de cerca.

Por ejemplo, están los problemas que nacen de la novedad de tener que hacer frente a la vida en una situación de *interdependencia recíproca*: ¿cómo se aprende a "funcionar" juntos, con la justa medida de renuncia a la independencia y a la autoreferencialidad de la vida anterior?

Sobre todo, para quienes estaban acostumbrados a vivir solos, puede resultar difícil aceptar la necesidad de coordinar sus exigencias, por mínimas que sean, con las del otro.

Son muchas las cosas que solo se pueden aprender "sobre el terreno", y es difícil preverlas. Entre las más comunes, pero en realidad nada banales, se cuenta la decisión sobre el modo de hacer frente a los aspectos económicos: cómo se van a dividir y compartir los gastos, la gestión de la cuenta corriente, de qué forma se van a considerar las ganancias del uno y de la otra. Sobre todo, para quienes se casan pasados los treinta años, salir de la lógica de la gestión individual de las ganancias y los gastos puede resultar difícil e incluso desagradable. Decir (y sobre todo pensar) "nosotros", pasar de "mío" a "nuestro" a veces es particularmente complicado precisamente a nivel económico, porque el dinero tiene un valor concreto y simbólico muchos más destacado de lo que estamos dispuestos a admitir y a considerar en la fase del enamoramiento.

Conozco parejas que, también después del matrimonio, seguían distinguiendo por completo sus entradas y salidas, con sistemas muy complicados de contabilidad, que les hacían perder inútilmente mucho tiempo.

Aunque no exista un modo de hacer frente a esta cuestión de forma "justa" o igual para todos, después del matrimonio es necesario que el marido y la mujer aprendan a razonar juntos sobre el balance familiar. Ambos deben conocer lo que entra, ambos deben ser conscientes de lo que sale y tomar juntos todas las decisiones importantes. La mayoría de los gastos ya son gastos familiares (alquiler, seguro, compra, colegios de los hijos, etc.). Cada uno aportará al balance familiar en la medida de sus posibilidades, según su trabajo y sus rentas. No tiene ningún sentido imaginar una especie de paridad ideal en la contribución a los gastos: más allá de las diferencias derivadas del tipo de trabajo que uno y otro desempeñan, además hay en cada familia aportaciones preciosas y no monetizables, como el tiempo que se dedica a los hijos, a la casa o a los ancianos. También en este campo, cada uno va a aportar eso que, de acuerdo con el otro, les parezca mejor para todos. En este aspecto, cambiar el "mío" por el "nuestro" es, con frecuencia, más allá de las palabras, la señal más concreta y tangible de que hemos alcanzado realmente la confianza en el "para siempre" de nuestra relación.

Dicho esto, el respeto a la libertad recíproca tendría que permitir que cada uno mantenga un margen de gasto personal, del que no tenga que "dar cuenta" al otro. No al modo de un espacio secreto, sino como un ámbito fiduciario, que no amenace lo que es necesario para la familia pero que permita que personas adultas e independientes mantengan un legítimo margen de maniobra para lo personal.

Otro desafío, no menos importante, es el que se refiere a *los problemas de "delimitación/fusión"* entre los miembros de la pareja: ¿cómo se alcanza la justa distancia en la relación, para ser "nosotros" sin que cada uno pierda su propio yo? ¿Qué espacios personales es justo tener? ¿Qué cosas hay que hacer juntos y cuáles por separado? ¿Podemos mantener las amistades y los intereses personales, o no?

Tampoco en este aspecto existen reglas seguras e iguales para todos: lo importante es tener siempre presente que el bienestar del otro, su sensación de ser libre y de estar a gusto en la relación, son requisitos importantes también para el bienestar de la pareja. ¡Nadie puede encontrarse a gusto en una jaula! En consecuencia, sean bienvenidos también los espacios personales, consensuados según las exigencias de cada uno.

Al mismo tiempo, el espacio del "nosotros" ha de ser cultivado con cuidado, no dejado al azar: los intereses comunes, las diversiones comunes, los amigos comunes, suponen un carburante necesario. Y no deben estar solo en el espacio que reservamos a la familia en su conjunto, y que incluye a los hijos: yo me refiero al espacio propio de la pareja, de la conyugalidad. Aunque el tiempo para los hijos sea poco, aunque el tiempo personal sea poco, hay que reservar, necesariamente, el tiempo del "nosotros-pareja". Atención: no hemos de imaginar a toda costa un espacio "para hablar", con todo el esfuerzo que esto puede suponer a veces; me refiero, en cambio, a un tiempo de disfrute compartido, que esté dedicado a hacer juntos algo que nos guste. Puede ser el cine, el teatro, la música, deporte, excursiones por la montaña o *jogging* en el parque; puede ser tomar juntos el aperitivo, una cena en una pizzería, o la visita a un museo. No importa la actividad concreta, sino la renovación de la experiencia de estar bien juntos: no tanto y no solo una experiencia excepcional pero distanciada en el tiempo (como viajes o fines de semana fuera de casa), sino sobre todo cuenta la renovación de una buena secuencia, que nos haga revivir con frecuencia el placer de estar juntos, como en los primeros tiempos de nuestra relación.

Si nuestros intereses son distintos, siempre podemos tratar de apasionarnos e implicarnos uno a otro en lo que concierne al interés de cada uno: compartir, intercambiar, prolongar el campo, son palabras necesarias a la vitalidad de cualquier relación.

Además, hay otro tema especialmente importante y complicado para la vida de pareja: el de la *relación con las dos familias de origen*.

El matrimonio tendría que suponer siempre un punto de inflexión sin retorno en relación con la familia de procedencia: a partir de ese momento, cuando decimos "mi familia", tendríamos que empezar a entender que se refiere a la que hemos dado a luz conjuntamente. No obstante, necesitamos un poco de tiempo para hacernos realmente "nosotros", porque hay que construir poco a poco nuestros modos, costumbres, recuerdos. Cada uno va a sumar al patrimonio común algo que proviene de su historia personal y tendrá que aprender a dejar algunas cosas, para acoger modos y costumbres que provienen del mundo del otro. Después, también aparecerán elementos totalmente inéditos, que vamos a introducir con nuestra imaginación, nuestro gusto y nuestra experiencia. Así va a nacer algo nuevo e irrepetible: el mundo de "nuestra" familia.

La toma de la distancia necesaria respecto al mundo familiar de origen es un recorrido que no se produce de forma automática: vivir solos, o formar una pareja o casarse, no es suficiente para haberse "alejado de casa" realmente. Es necesario adquirir una conciencia personal, que no se configura de forma improvisada ni de una vez por todas, sino que necesita de una elaboración progresiva. En este proceso, las familias de origen pueden desempeñar un papel facilitador o ser un obstáculo, cuando desaprueban, de forma abierta o encubierta, las pequeñas y grandes decisiones de la nueva familia.

No necesariamente se trata de una intención voluntaria de mantener al hijo consigo. Lo más frecuente es que sea una dificultad profunda para dejar que se vaya definitivamente, aceptando que viva en un espacio afectivo y mental nuevo, que va a compartir con otra persona que ahora es más importante que el padre, la madre y los hermanos. Dejarle ir para siempre significa aceptar que forme una nueva familia, precisamente. Esta familia va a tener todo el derecho de constituir sus propios códigos de funcionamiento, que pueden ser muy diferentes de los de los pares. No siempre es fácil aceptar esto con serenidad. En determinados casos, la dificultad de los padres encuentra eco en los propios hijos, que en este caso se sienten culpables de "traicionar" con sus decisiones autónomas a la familia de origen, a la que están muy ligados.

Tras la aparente complejidad del discurso, todo esto se traduce en problemas muy concretos y operativos como, por ejemplo, la decisión sobre cuánto y cómo visitar las casas de los abuelos: el tema de las comidas de domingo juntos, el tema de las vacaciones en la casa familiar, el tema de cómo pasar las fiestas, todos ellos son ejemplos del delicado equilibrio que hay que encontrar entre continuidad y cambio.

Conozco parejas que, en veinte años de matrimonio, nunca han tenido unas vacaciones solos, porque era necesario acompañar "por lo menos en el verano" a sus padres. Conozco otras que no se atrevían a faltar a una comida dominical... Me parece que esta falta de libertad no ayuda a la relación de pareja, y que tampoco favorece una relación realmente buena con los padres, a quienes se percibe como frágiles, y/o como tiranos.

Pero, incluso ante casos como estos, no hay necesidad de asombrarse ni escandalizarse, sino de preguntarse. Como en todos los pasos cruciales de la vida, es necesario entender cuál es el modo de dirigirse en la dirección justa, y avanzar con paciencia: siempre se puede cambiar.

El empeño por definir una posición familiar propia y desvincularse del pasado es una tarea que no se puede delegar en otros, porque depende de una decisión y de un trabajo absolutamente personales.

Nuestro cónyuge nos puede ayudar a lograrlo. Lo hace cuando no ataca a las personas a quienes nosotros queremos (aunque pueda ser de forma ambivalente), y mira con apertura de corazón a nuestra familia de origen, también cuando se dé el caso de que sus defectos o limitaciones son realmente evidentes. Lo hace cuando manifiesta lo que tiene de valioso, en lugar de subrayar sus defectos, y así nos anima a cultivar todo lo posible también el reconocimiento. Esta capacidad que tiene el otro para respetar lo que nosotros hemos amado y amamos fuertemente, refuerza la alianza de pareja y hace que sea más fácil tomar la distancia necesaria respecto al pasado. Aunque nos pueda parecer lo contrario, un cónyuge que se posiciona "contra" la familia de origen no facilita nuestro pleno acceso a la posición de hijos adultos.

Debe ser objetivo de la pareja empeñarse por lograr la plena legitimación de la nueva familia. Y esa legitimación debe tener su punto de partida en una autolegitimación, independientemente de la capacidad que tengan las familias de origen para darle el reconocimiento que merece.

También cuando se han definido correctamente las distancias, en los momentos críticos de la relación de pareja, podemos sentir la tentación de volver a apoyarnos en la familia de la que procedemos. La pertenencia a nuestros orígenes nunca se pierde, porque es fundamento de la percepción de nuestra identidad. Por eso, cuando el cónyuge se vuelve más distante y extraño, decir *yo* es más fácil que decir *nosotros*, y nos entran ganas de apoyarnos precisamente en personas (como un progenitor) que nunca han dejado de querernos.

Pero es una tentación que debemos rechazar con decisión.

Aunque sea verdad que un padre y una madre van a estar siempre de nuestra parte y que siempre van a estar dispuestos a acogernos, precisamente la fuerza de su alianza con nosotros supone un punto crítico. En las dificultades de pareja no necesitamos sobre todo a alguien que se posicione a nuestro favor, sino a alguien que pueda ponerse también de parte del otro, con equilibrio, y que nos ayude a no perder de vista la parte de razón que tiene. Para un progenitor, salvo en casos de una capacidad muy especial, siempre va a ser difícil perdonar plenamente a quien haya hecho sufrir a su hijo. Por eso es mejor buscar la ayuda de amigos de confianza, que nos quieran a los dos: para ellos va a ser más fácil ayudarnos, acoger nuestra confidencia y nuestro sufrimiento sin juzgar.

Frecuentemente, este va a ser el primer paso para recuperar el camino.

Hay muchos otros desafíos añadidos al matrimonio: por eso es necesario encontrar una forma de comunicación que permita contrastar opiniones, siempre, de un modo abierto y sincero, sin miedo al conflicto.

La confrontación sobria sobre estos y muchos otros temas de la vida en común hace que la pareja pueda consolidar poco a poco un estilo común, en que ambos se puedan reconocer, y que así se haga más plena, progresivamente, la familia. Pero, desde el punto de vista psicológico, no solo es necesario salir de las expectativas poco realistas que a veces tenemos sobre el otro. También hay que hacer frente a las propias limitaciones personales, que, entre otras cosas, incluyen nuestra insuficiente capacidad de amar.

Nadie se puede considerar preparado *a priori* para todos estos desafíos. En consecuencia, es necesario renunciar al ideal de perfección y entrenarse un día tras otro en la capacidad de aceptar el carácter inevitable de las limitaciones, propias y de los demás.

No hemos de tener miedo a decirnos las cosas, porque para poder estar bien juntos también es indispensable tener la posibilidad de decirse abiertamente lo que no va bien, aunque con respeto. Lo más importante es darse cuenta de que la diferencia (de carácter, de pensamiento, de objetivos) es una realidad natural y legítima en la pareja, y que la persona que hemos decidido amar tiene ante todo el derecho a ser quien es, no el deber de adaptarse a nuestra imagen más o menos idealizada.

El fin siempre es encontrar soluciones que tengan en cuenta a los dos, no adaptaciones formales que crean áreas secretas de insatisfacción.

La aceptación recíproca de lo que somos y la libertad para ser uno mismo constituyen siempre un punto óptimo de partida y de intercambio para cualquier relación. La base más segura es la que da la posibilidad de fiarse serenamente de la promesa que se ha hecho: «Yo, pase lo que pase, no te voy a abandonar». Esa promesa significa: «Yo voy a ser toda la vida, siempre y en todo caso, testigo de tu valor como persona».

VI.
EL FRACASO EN LA REORGANIZACIÓN DE LA PAREJA: LA CRISIS

> *Pero al principio*
> *Los dos eran una sola carne.*
> *Buscaba en las historias,*
> *en sus intensas correspondencias,*
> *huellas de la felicidad primera.*
> *Un Edén que apenas se insinuaba.*
> *Tenía que estar el jardín,*
> *la tierra tocada por los místicos,*
> *la ciudad de los deseos pactados*[1].
>
> Alessandro Rivali

PUEDE OCURRIR QUE EL MARIDO y la mujer acepten las dificultades y las incomprensiones sin considerarlas signos importantes de alarma, y sin atribuirles el significado debido. Esto se debe a una idea incorrecta de la vida tranquila, o a veces se hace por miedo, por pereza, por desconfianza, por una insuficiente valoración del problema.

Suele suceder totalmente en buena fe: se teme que las cosas puedan empeorar si hablamos al otro del propio descontento y del proprio cansancio; y se piensa que es mejor aguantar con paciencia, que la culpa es de algún evento externo (un trabajo que va mal, las familias de origen, los hijos). Y se espera que las cosas mejoren por sí mismas.

---

[1] Alessandro RIVALI, «La tomba degli amanti», M.me Webb editor, Domodossola 2016. Extracto del libro inédito *La terra di Caino*.

Además, no es raro que las diferencias entre el marido y la mujer se agudicen con el nacimiento de los hijos, cuando es necesario ponerse de acuerdo sobre las cuestiones educativas. En este campo, se ponen especialmente de manifiesto las diferencias entre lo masculino y lo femenino, así como entre los modelos educativos que cada uno ha interiorizado. Ambas entrañan el riesgo de crear fuertes contraposiciones. Sin duda, no es inmediata la comprensión de que, para la mayoría de las cuestiones, es totalmente legítimo tener puntos de vista diferentes, que tienen que procurar salir al encuentro uno de otro, y, tal vez enriquecerse mutuamente...

A veces, la situación se bloquea por miedo al conflicto; otras, por miedo a confesar claramente a uno mismo que hay algo que no va, que estamos descontentos. Otras veces toma forma una situación de insoportabilidad crónica, hecha de peleas y de "reajustes" que no cambian el problema.

En cualquier caso, al final acaba pasando que cada uno "fija" su propia posición, se desvincula del otro y busca soluciones individuales a los problemas e insatisfacciones. En ocasiones, esto llega a deslizarse en un mundo de satisfacciones "paralelas", también por medio de la traición o de un nuevo enamoramiento.

En nuestro horizonte cultural, la separación se ha convertido en un hecho muy común y aceptado socialmente. Cuando dos personas casadas encuentran especiales dificultades para ponerse de acuerdo, o cuando piensan que ya no se quieren, suele parecer que separarse es lo mejor que pueden hacer. Es más, esta solución se presenta como inevitable cuando en la pareja ocurre algo objetivamente grave, como, por ejemplo, una traición.

La pregunta es legítima: ¿qué hacer cuando se presentan hechos no fisiológicos, como la traición, el enamoramiento de un tercero, u otras situaciones importantes que ponen seriamente en crisis la confianza mutua? ¿Es posible reconstruir la relación después de una traición? ¿Es posible volver a enamorarse después de una desilusión profunda?

A la mente de todos, también a la de personas creyentes, se asoma la sospecha de que, en estos casos, mantener la fidelidad a la elección que se ha hecho no es más que una forma de masoquismo, o que solo hay que atenerse a los aspectos formales de la promesa. Naturalmente, responder a estas preguntas no es tarea sencilla.

Pero puedo tratar de hacerlo, por lo menos, en parte. Cuento con la ayuda de nuestras historias de desilusión y renacimiento.

La confianza destrozada

Las parejas que buscan ayuda como consecuencia de una crisis grave llegan al primer encuentro con sentimientos encontrados. Muchas veces, también traen expectativas mágicas: tienen el deseo de encontrar a alguien que les ayude a "hacer justicia", que distribuya con claridad los errores y los aciertos y que sepa el mejor modo de anular un dolor insostenible y de reconducir la situación a la anterior a la ruptura.

Ante un hecho importante, como puede ser una traición, es inevitable el pensamiento de la separación. En efecto, la traición es un hecho *objetivamente* grave, que interrumpe el pacto de confianza libremente establecido con el matrimonio. ¿Cómo se va a volver a dar confianza a alguien que la ha traicionado de modo tan grave? ¿Qué garantías se pueden tener en casos de este tipo?

La mayoría de las personas piensa que la decisión de separarse o de recomenzar tiene que contar, por lo menos, con alguna garantía preliminar. Espera encontrarla a lo largo del recorrido que vamos a hacer juntos.

Precisamente este es el primer obstáculo: hay que entender y aceptar que no existe garantía posible en el matrimonio. La confianza solo puede ser un regalo: un don que se ha hecho libremente por primera vez en el momento de la promesa, un don que es necesario decidir si se va a volver a hacer, con la misma gratuidad, cada vez que nos encontramos decepcionados. Esta vez, quizá, con una mayor conciencia, dada por la experiencia.

Cuando pienso sobre este tema, siempre me viene a la cabeza *Aladdín*, esa bonita película de dibujos animados de Disney. En ella, se repite dos veces una secuencia, breve pero muy significativa. La primera vez, estamos en la escena del mercado: Aladdín y Jasmine, que se acaban de conocer, huyen, perseguidos por los guardias, por el robo de una manzana. Cuando, de pronto, hablan solo entre ellos, se dan cuenta de que tienen el mismo modo de sentir: él es un ladronzuelo, ella una princesa; pero, desde posiciones tan diferentes, hablan de sí mismos prácticamente con las mismas palabras. Esto marca una especie de "reconocimiento" entre ellos, algo que les lleva a mirarse con una atención nueva. Es el principio del enamoramiento.

Hasta que los guardias les descubren: están atrapados sobre un techo y la única vía de salida para impedir su captura es dar un salto al vacío. Aladdín, que como ladronzuelo experto conoce el medio para evitar a los guardias, tiende la mano a Jasmine, la mira a los ojos y le dice la frase central de la película: «¿Confías en mí?». El reclamo a la confianza enciende la mirada de Jasmine. «¡Entonces, salta!», le dice Aladdín. Y gracias a ese salto consiguen salvarse.

En la segunda escena, Aladdín y Jasmine vuelven a estar solos. Él está vestido como un príncipe y ella, que no le había vuelto a ver, no le reconoce. Esta vez, Aladdín lleva consigo su alfombra mágica, con la que puede sacar a Jasmine del maravilloso palacio en el que vive y que ella siente como una jaula dorada, para descubrir desde lo alto la maravillosa amplitud del mundo.

Una vez más, Aladdín le tiende la mano para invitarla a subir con él a la alfombra suspendida en el aire. Otra vez, le mira a los ojos y le repite, igual que la primera vez, la misma frase: «¿Confías en mí?». Jasmine le reconoce por esta frase: le mira a los ojos y se decide a dar el salto hacia él en el vacío, sobre la alfombra voladora. Esta vez, es el principio del amor entre ellos.

Creo que el matrimonio es exactamente esto: fiarse del otro y saltar juntos.

Naturalmente, la confianza que pueda convencernos para dar este salto al vacío debe ser, sin duda, menos impulsiva y menos ciega que la que nos presenta la película. La decisión de casarse en una cosa seria, por lo que tendremos que preguntarnos si esa persona de quien estamos enamorados comparte con nosotros la orientación profunda en las cuestiones de la vida que estamos a punto de emprender. Pero nunca va a consistir solamente en una cuestión de cálculo: siempre tendremos que guiarnos también por la intuición profunda del valor que damos al otro, y que el enamoramiento nos hace percibir con especial agudeza.

En cualquier caso, no va a haber garantías. Se puede decidir saltar o no dar el salto. Pero aceptar la mano que nos tiende el otro para saltar sigue siendo una elección arriesgada, como todas las decisiones auténticas e importantes en la vida.

Cuando prometemos amor, también en la mala suerte, normalmente nos disponemos a aceptar la posibilidad (que en ese momento parece remota) de enfermedades, dificultades económicas, ataques a nuestra pareja de elementos externos. Ninguno de nosotros puede contar como "mala suerte" la idea de un mal que podríamos recibir precisamente del otro: su traición, su desamor. Tal vez no somos suficientemente conscientes del hecho de que cada uno es responsable solamente de *su* promesa: cuando decimos "yo prometo", no podemos condicionar la libertad del otro, solo nos ponemos en sus manos indefensos, confiando en que su promesa sea tan sincera como la nuestra. Tampoco somos suficientemente conscientes del hecho de que nadie puede prometer lo que "sentirá": nadie puede prometer que su corazón no va a latir nunca por otro/a. Lo que sí podemos hacer es prometer amar, siempre: prometer que vamos a vigilar nuestros sentimientos, prometer que vamos a hacer todo para comportarnos de forma que el otro pueda seguir amándonos, prometer que trataremos de perdonar siempre.

Podemos prometer que diremos no a otras sirenas, pero no que nunca vayamos a sentir su atractivo.

Precisamente por esto, cuando tenemos que tomar una decisión sobre nuestro matrimonio, después de una decepción grave, volvemos a encontraros ante una pregunta que interpela en primer lugar a *nuestra* libertad: «¿Qué quiero hacer *ahora*? ¿Qué quiero hacer *yo*? ¿Quiero, o puedo, decidirme a dar el salto otra vez? ¿Quiero, o puedo, tratar de renovar al otro una confianza que no había sido "merecida" sino "regalada"?».

Podemos decidir libremente continuar (y revitalizar la confianza) o separarnos. Pero hemos de saber que esta decisión no se puede subordinar a una "puesta a prueba" del otro: nunca va a haber, en ningún caso, pruebas suficientes para garantizar que esta vez nos vamos a poder fiar de verdad.

La confianza es un don que se puede decidir renovar (o no) libremente. Es algo más, una excedencia, no se puede "reconquistar" cuando ha sido traicionada: solo se puede donar y volver a recibir, justo como la primera vez; sin garantías.

Por eso, para tomar esta decisión tan personal y difícil, necesitamos hacernos algunas preguntas, que nos hagan más conscientes del alcance de nuestra decisión.

La decisión

Lo primero que es necesario para hacer frente a una crisis importante es no dar por descontado su resultado. Hay que tomar una posición personal, y eso pasa por un proceso de decisión consciente. Por eso, tampoco una persona sinceramente creyente y casada por la Iglesia debe limitarse a "tratar de perdonar". Debe, en cambio, situarse de una forma lúcida ante la posibilidad, al menos teórica, de que su matrimonio termine: de hecho, no se puede definir como realmente libre ninguna decisión que no prevea una alternativa real.

La toma de una decisión seria y consciente no es fácil. En cada situación se presentan diversos problemas.

Cuando ha ocurrido algo grave, como una traición, hay que dar un paso previo, antes de poder empezar a reconstruir la relación. Es necesario acompañar a ambos en la valoración de lo que realmente quieren.

La persona traicionada ha sufrido una ofensa importante, que le duele profundamente. Ha sido sometida a la comparación con otra persona, y esta ha sido considerada más deseable.

Esto entraña un fuerte ataque a la autoestima, precisamente en esa parte de la persona que tendría que suponer soporte y ayuda en mayor medida.

Para quien sufre una situación como esta, la decisión de no tirar la toalla y de volver a entrar en el juego supone entrar en la lógica de un posible perdón. Más allá de la herida, más allá de la rabia y del dolor, elige confirmar al otro que precisamente él (o ella) es la persona con quien quiere compartir su vida, a pesar de todo. Esta elección incluye el paso a una capacidad de amor más elevada, que trasciende al daño sufrido, porque reconoce que el valor del otro es superior a lo que ha hecho.

El profundo dolor que deriva de la sensación de abandono actúa, en estos casos, como un refuerzo de la elección, que la sostiene, al menos al principio, porque hace "sentir" (por ejemplo, por medio de los celos) la importancia que sigue teniendo el vínculo para nosotros.

Por parte de la persona que ha traicionado (o que se ha enamorado de otro, fuera de la pareja), la decisión se plantea de forma distinta. Vale la pena que nos detengamos un momento.

Quien traiciona o se enamora, lo hace porque tiene la sensación de haber encontrado a alguien que le podría asegurar una felicidad mayor de la que conoce en su matrimonio: una persona que sepa corresponderle más, en un momento en que, a lo mejor, su relación de pareja parece cansada o insatisfactoria. Quien se enamora piensa que ha encontrado algo que considera un "bien", y siente toda su atracción: la persona conocida parece capaz, sobre todo, de despertar aspectos de sí mismo nuevos y vitales. En esto consiste su verdadero encanto.

En esto consiste exactamente eso que seguimos definiendo como "tentación": para la persona enamorada, el otro es un "bien", aunque suponga el mal objetivo de la traición. Es un bien que se opone a un Bien, pero es muy fácil encontrar motivos de autojustificación. Entre otras cosas, porque la persona con la que nos hemos casado es inevitablemente imperfecta y nosotros, mejor que cualquier otra persona, lo sabemos y también tenemos experiencia de sus defectos.

Pero, junto a la nueva atracción, suele persistir un vínculo todavía importante con la pareja y con los hijos. Sobre todo, persiste cuando han pasado varios años de matrimonio. Este vínculo no se puede borrar fácilmente. Por eso, la persona que traiciona se encuentra como en una trampa e inmersa en una mentira constante a sí misma. En esa situación, no consigue tomar una decisión definitiva.

Me he encontrado muchas veces con esta situación. La traición es vivida, en estos casos, en una especie de "dimensión paralela", como un espacio en suspenso, que satisface, pero solo en los momentos en que se consigue separarlo de la vida cotidiana real. Es una situación que, antes o después, acaba por inducir a quien traiciona a cometer algún "error", que al final saca esta situación a la luz. A pesar de todo, es casi un alivio.

En este punto, muchas veces la pareja acude a la consulta. Viene, por un lado, con el dolor profundo de quien ha sido traicionado; por otro, con el miedo, en quien ha traicionado, de perder inesperadamente a su familia. A este miedo se añade el dolor por haber inferido al otro un dolor culpable.

Quien ha sido traicionado pide una confirmación; quien ha traicionado expresa deseos de reparación y la intención de recuperar la relación. A estos "proyectos de la voluntad", aunque sean sinceros, no siempre les responde una auténtica decisión del corazón. Esa decisión, libre y consciente, es, en todo caso, condición necesaria para volver a empezar.

Para hacer un poco más claro este paso tan difícil, y consecuencias que conlleva, trataré de utilizar la historia de Matteo y Chiara: nuestro tercer relato.

Después de 13 años de matrimonio y del nacimiento de su tercer hijo, durante una pelea horrible, Chiara ha dicho a Matteo que se había enamorado de otro. El sufrimiento de Matteo es grande. Chiara, que, de todas formas, le sigue queriendo mucho, también está muy dolida por el dolor que le ha provocado.

Cuando llegan a la consulta, los dos parecen muy decididos a realzar su matrimonio: han hablado bastante de ello, se han dicho lo que no funcionaba y ahora quieren volver a empezar. Después de nuestra primera cita, Matteo se ha puesto manos a la obra, para cambiar algunas actitudes que Chiara le había indicado como negativas para ella. Chiara ha reconocido enseguida su mérito, diciendo que valora mucho todo lo que él está haciendo, y que se siente optimista.

Pero, en una conversación individual, sale claramente a la luz que Chiara todavía se siente muy enamorada del otro. Aunque expresa su firme voluntad de recomenzar en su matrimonio, todavía no consigue quitárselo de la cabeza: no ha borrado su número de teléfono y ha vuelto a verse con él una vez más, aunque lo ha hecho diciéndose que iba a ser la última...

Esta imagen tan invasiva de otro hace que para Chiara sea evidentemente imposible volver a enamorarse realmente de Matteo, en contra de la intención sincera de su voluntad. ¿Qué se puede hacer?

En una relación tan rica y compleja como es el matrimonio, solo se puede volver a empezar desde la verdad. Por eso, se hace necesario mirar las cosas directamente como son, dar a lo que sucede su nombre exacto. Solo entonces se podrá decidir realmente a qué bien (o Bien) queremos responder.

Por eso, si realmente quiere empezar una nueva relación con Matteo, Chiara tiene que decidirse, en primer lugar, a ponerse en una condición neutra. Esto supone interrumpir de verdad, definitivamente, el contacto con el otro. Al mismo tiempo, también es indispensable que se tome el tiempo y el espacio necesarios para comprender los motivos profundos de la fascinación que siente: ¿por qué percibe como un "bien" para ella a este hombre, tan distinto a su marido? ¿A qué parece dar respuesta su presencia? Sin estas respuestas, lo único que va a poder hacer Chiara es "enterrar" la cuestión, sin elegir de verdad y, como consecuencia, va a someter siempre a Matteo a la comparación con otro hombre, aunque solo sea inconscientemente.

Mientras, ¿qué le pasa a Matteo? ¿Cuál puede ser su posición en esta fase de la relación entre ellos?

El obstáculo más difícil para el que ha sido traicionado es pensar que el otro solo le considera como un simple error en su camino. Que la persona con la que hemos sido traicionados no es, simplemente, "algo bueno", o una "mala persona", sino que, en el plano subjetivo, representa de forma increíble la tentación de un "bien".

Es un momento crucial y muy difícil, porque exige tomar una decisión personal que prescinde, en cierto sentido, de las garantías que el otro es capaz de ofrecernos, porque todavía está muy confuso. En estos casos, la capacidad para amar se expresa sobre todo en la capacidad de tener paciencia y esperar. ¿Podemos decidir, provisionalmente, "amar por los dos"? ¿Somos capaces de decirnos a nosotros mismos, y decirlo al otro: «Estoy profundamente herido/a, profundamente enfadado/a, pero sigo estando aquí»? Es verdad, no se dice para «hacer como si no hubiera pasado nada»: se declara al otro lo que sentimos y se pide de su parte la sinceridad de la intención, que incluye una interrupción drástica y decisiva de las relaciones con la persona externa a la pareja.

Pero no sirven las "suspensiones de prueba". La crisis pone la relación en una encrucijada clara: se puede decidir separarse, o seguir queriéndose. Pero solo cuando nos orientamos hacia esta segunda opción tiene sentido trabajar juntos.

Nadie puede forzar a una persona que sufre por haber sido traicionada a que tome también la decisión de amar por dos. Lo que se le puede pedir es que lo intente, si quiere. Así como pedimos a quien se ha enamorado que se decida realmente a cerrar su historia, aun a sabiendas de que los tiempos de las emociones no coinciden, lamentablemente, con los tiempos de la voluntad.

¿Pero cómo se decide?

Para tener los elementos necesarios, lo primero que hay que hacer es situarse ante el propio matrimonio y su historia, y preguntarnos con profundidad qué valor tiene para nosotros. Y qué valor tiene aquello que podríamos decidirnos libremente a dejar.

Valor subjetivo, valor objetivo

Como toda relación, también el matrimonio ha de ser considerado desde dos parámetros: su valor subjetivo y su valor objetivo. Se trata de dos variables entrelazadas estrechamente entre sí, aunque el peso de los dos componentes puede variar mucho, y hacerlo muchas veces con el paso del tiempo.

Cuando hablamos del valor subjetivo de una relación, nos referimos a todo lo que en esa relación hace que estemos bien, todo lo que consideramos como un bien para nosotros. Por ejemplo, el momento del enamoramiento marca una fase en la que el valor subjetivo que tiene para nosotros la otra persona se muestra con especial evidencia: sin esfuerzo, nos damos cuenta entonces de la importancia de su presencia en nuestra vida, percibimos un bienestar que nace de su cercanía y de la confianza, deseamos estar juntos. En esta fase de la relación, incluso las dificultades se viven como un estímulo para mejorar las cosas. El valor subjetivo de una relación importante nunca puede desaparecer totalmente, porque el otro se convierte en una parte integrante de lo que somos. Pero en el momento de una crisis nos cuesta reconocer ese valor.

El valor objetivo, en cambio, se refiere a todo lo que se ha sedimentado progresivamente en la realidad que rodea a nuestra historia. Todo eso que hemos compartido y construido juntos se convierte, en efecto, en patrimonio común y, en cierto sentido, inseparable de la familia a la que hemos dado origen con nuestro matrimonio.

Cuando hay hijos, ellos representan el valor objetivo más evidente e importante para la pareja: los hijos existen por sí mismos, no son de uno ni de la otra, y son objetivamente un bien precioso que forma parte de *aquella* familia (y solo de ella). Cada hijo es él mismo, precisamente como es, en cuanto hijo "de nosotros dos", y no de otros. El amor a los hijos y el deseo de lo mejor para ellos muchas veces suponen un elemento importante en la decisión: aunque sería inapropiado "seguir juntos solo por los hijos", también es verdad que los hijos pueden suponer en determinados casos un motivo muy válido para tratar de reencontrarse y de recuperar una relación que pasa por dificultades.

Pero, por muy nucleares que sean, los hijos no son el único valor objetivo de un matrimonio. También forma parte del valor objetivo de una relación todo lo que, como familia, hemos construido juntos a lo largo del tiempo: la casa común, que tal vez hemos elegido juntos y enriquecido poco a poco con un estilo "nuestro"; los amigos que compartimos; la parentela de uno y de otra; los proyectos emprendidos. Después, hay un número infinito de bienes más simbólicos, pero igualmente valiosos, o más: las costumbres compartidas, los modos de decir, las tradiciones, los recuerdos. Es el conjunto de todo lo que ha caracterizado a nuestra familia, para bien y para mal, haciendo que sea única y diferente a todas las demás; que sea exactamente "nuestra" familia.

Se trata de nuestra historia. La separación va a borrar todo esto. Por eso, tenemos que decidir, sopesando en la balanza de nuestras elecciones, el peso que tienen las cosas buenas que hemos compartido, y valorar si es tan bajo como para hacernos pensar que no hay ningún valor que preservar, o por el que valga la pena luchar.

Por último, para el creyente, pensar en el valor objetivo del matrimonio incluye reflexionar también sobre el valor de la promesa recíproca, revisar con sinceridad aquel momento, y preguntarse en qué medida confía en que la bendición de Dios sobre nuestra pareja tenga un valor y una fuerza reales, capaces de actuar también más allá de nuestras capacidades.

Cuando nos encontramos ante una crisis profunda, como esas de las que he hablado, la decisión de no recurrir a la separación suele ser, sobre todo al principio, una decisión de la voluntad, aunque está motivada racionalmente. Se elige seguir en la pareja, apoyándose en los valores objetivos que, a pesar de todo, reconocemos, y que no queremos echar a perder. Por lo demás, ¿cómo iba a tener un valor subjetivo en ese momento una relación que nos ha provocado y que nos provoca tanto dolor?

La decisión en estos casos es un salto difícil, porque se decide hacerlo antes de poder anclarse con seguridad en la posibilidad de volver a encontrar en nuestro interior los sentimientos positivos que hemos perdido.

Pero la toma de una decisión en esta dirección no tiene que suponer, en ningún sentido, la entrada en una dimensión de "adaptación", ni mucho menos un esfuerzo voluntarista para suprimir o negar la verdad de nuestros sentimientos.

Cada crisis importante supone para la psique un auténtico luto, porque conlleva la pérdida de las referencias habituales y de nuestras seguridades. Al igual que todo luto, su reelaboración requiere tiempo y necesita pasar por varias fases, que no se pueden ignorar, ni tampoco acelerar de forma artificial.

Por ello, aunque a primera vista pueda parecer paradójico, se puede decidir sinceramente seguir juntos, sin negar por ello los sentimientos negativos que tenemos hacia el otro: nuestra rabia, nuestra decepción, nuestro miedo, nuestra incertidumbre.

Aunque sean negativos, todos estos sentimientos representan nuestra verdad y por ello tienen pleno derecho de ciudadanía. También estos sentimientos, y su elaboración, tendrán que integrarse en el recorrido necesario para volver a encontrarse. Habrá que incluir también la verdad sobre el otro, a quien, poco a poco, llegaremos a comprender.

VII.
ENTENDER LA CRISIS

La construcción de un amor
rompe las venas de las manos
mezcla la sangre con el sudor
si sigue en ti
la construcción de un amor
no recompensa el dolor
es como un altar de arena
a la orilla del mar
la construcción de mi amor
me gusta verla subir
como un rascacielos de cien pisos
o como un girasol
[...]
Detrás de una puerta un poco de amor
para cuando no haya tiempo de hacer el amor
para cuando quieras tirar
hasta mi fotografía.

Ivano Fossati, *La construcción de un amor*

PARA SUPERAR UNA CRISIS ES NECESARIO emprender un camino nuevo, que exige una nueva comprensión: una comprensión que traslada el centro de gravedad de la observación, y que la abre a considerar como legítimo el punto de vista del otro.

El matrimonio, en la forma en que hasta ahora lo habíamos pensado y vivido, se ha roto, el pacto está hecho trizas. Si nuestra decisión es la de no querer separarnos, ahora es necesario entender bien qué ha sucedido: qué le ha pasado a cada uno singularmente y qué ha pasado al nosotros-pareja, alejándonos tanto a uno de la otra.

Es un amor "que hay que construir y reconstruir" aunque con esfuerzo, como sugiere esa hermosa canción de Ivano Fossati.

Para logarlo es necesario, en primer lugar, "entender la crisis". No se trata de justificar lo sucedido, sino de introducirse en una nueva lógica de apertura de la mente y de curiosidad recíproca. A partir de ahí, podremos trabajar en una relación renovada y en un nuevo pacto. Pero, antes, es indispensable lograr dar un sentido a eso que ha pasado e intentar entender su dinámica, poniendo ante todo en el centro de atención que el otro, aunque nos haya hecho daño, no es necesariamente un enemigo.

Una vez más, Romano Guardini, con la precisión del filósofo y a la vez con gran agudeza psicológica, nos aporta una guía muy valiosa para seguir nuestra reflexión. Lo hace cuando afirma: «El hombre se siente amado y comprendido, solo si se le ve en su unicidad, desde su propia perspectiva»[2].

Si una terapia funciona, y cuando lo hace, siempre es porque tiene su punto de partida en una revolución copernicana del pensamiento y de la mirada: el otro, a quien hasta ese momento solo se estaba viendo desde el propio punto de vista (es decir, como alguien que *me* hace / *me* ha hecho daño, que *me* ama / no *me* ama; etc.) empieza a ser visto por lo que es en sí mismo, más allá de mí. Como dice Guardini, se convierte en «el otro por sí mismo».

Siempre creemos conocer bastante bien a la persona que tenemos al lado. Normalmente, también estamos convencidos, en total buena fe, de que somos capaces de verle y de aceptarle por lo que es. Muchas veces, nos hemos esforzado, al mismo tiempo, por acoger sus límites y por dar su dimensión más realista a nuestras expectativas sobre él. Exactamente, lo "aceptamos", lo cual significa, no obstante, que solo nos hemos "adaptado" de alguna forma a él y a nuestra relación.

---

[2] Romano GUARDINI, *Volontà e verità*, Morcelliana, Brescia 1997, p. 146.

Precisamente por esto, cuando se presenta una crisis realmente importante, nuestra primera reacción es la de quien se encuentra ante un extraño. La persona que me traiciona, la persona que se enamora de otro, la persona que comete un error importante conmigo *no puede ser la misma* a la que he dado mi confianza: en este acto que le lleva tan lejos, el otro manifiesta una extrañeza imprevista e imprevisible, que nos descoloca por completo.

Con todo, ha ocurrido. Y esto significa precisamente que el otro es siempre algo más y algo distinto de lo que yo puedo *comprender plenamente*, y la libertad de la que dispone también le puede llevar allí donde yo no quisiera. La crisis derrumba toda adaptación y vuelve a poner todo en juego: se ha interrumpido el camino común; esas que considerábamos como buenas adaptaciones muestran toda su fragilidad. Estábamos lejos.

Si queremos volver a encontrarnos, tenemos que aceptar introducirnos en una lógica completamente nueva, porque el recorrido de curación solo pasa por medio de la posibilidad de "dar un sentido" a lo sucedido, por muy absurdo, equivocado o doloroso que pueda ser.

Sin duda, este es un paso muy difícil, pero es decisivo: llegar a intuir que la experiencia *subjetiva* de cada uno tiene siempre su lógica, también cuando conduce a la persona al error, y que solo cuando se intenta suspender momentáneamente el juicio para entrar en la lógica del otro, nosotros podemos volver a abrir el camino a un contacto auténtico con él.

Como decía antes, no es cuestión de justificar el mal, ni tampoco de aceptar lo que a veces es inaceptable. Más bien se trata de entender que siempre hay un camino que lleva al error, y que ese camino empieza muy lejos, frecuentemente ya antes de nosotros. Tiene su punto de partida en las vivencias personales del otro.

Cuando se profundiza en el conocimiento de las historias singulares, nos damos cuenta de que muchos errores tienen su origen en exigencias subjetivas legítimas, que han sido descuidadas. Estas exigencias insatisfechas han tomado cauces objetivamente equivocados.

Creo que el mejor modo de entender lo que quiero decir es, una vez más, recurrir a la ayuda de una historia.

¿Entender o "justificar"?

Volvamos a Luca y Marta, nuestra primera historia. Luca ha traicionado a Marta: no ha sido un episodio pasajero, sino una relación bastante larga, aunque dilatada en el tiempo. Para entender (y no para justificar) el comportamiento de Luca, hemos de prestar atención a lo que él mismo dice sobre su traición.

> Luca: «Yo soy muy sensible al atractivo femenino, tengo una fuerte necesidad de sentirme deseado. Ella (la otra) era una chica mucho más joven, y muy problemática: hacía que yo me sintiera indispensable, parecía que no podía vivir sin mí. Yo era su *pigmalión*. También sexualmente: era como si justamente yo lograse que se convirtiera en una mujer. Esto ha hecho que me sintiera muy recompensado. Marta es muy independiente, sabe mantenerse muy bien sola, y yo nunca me he sentido indispensable para ella».

Ya se ha explicado el "refuerzo disfuncional de las posiciones" y aquí podemos apreciar con más claridad sus consecuencias. Como también se ha dicho ya, Marta y Luca se han endurecido en sus posiciones complementarias de partida, sin encontrar adaptaciones más flexibles. Se ha creado un *feedback* circular, por el que estas posiciones se han reforzado mutuamente: Marta, reconocida y "premiada" por Luca como la persona "fuerte, capaz, independiente", no ha encontrado el espacio que necesita para expresar sus necesidades y sus fragilidades; por su parte, Luca, apoyándose en la fuerza de Marta, pero incapaz de intuir sus necesidades, ha terminado reforzando cada vez más el rol de ella, y por sentirse poco estimado y valorado. Ha llegado a percibir esta sensación como una ausencia intolerable para él, pero no ha sido capaz de hablar de ella abiertamente con Marta.

También para Marta, la relación se estaba volviendo cada vez más insatisfactoria. Pero, acostumbrada como está a "arreglárselas sola", en el periodo inmediatamente anterior al estallido de la crisis ha intensificado sus compromisos de trabajo, sin haber sabido reconocer el distanciamiento progresivo de Luca. Como sucede con frecuencia, los pensamientos predominantes son dos. El primero es: «Él/ella es así, es imposible que cambie realmente en nada». El segundo es: «Lo que habría que hacer en justicia es aguantar con todas nuestras fuerzas, por el bien de nuestra familia». Es como decir: quererse es soportar lo que no está bien, la insatisfacción forma parte del juego. Cada uno, en estos casos, se "compensa" a su manera: con los hijos, con el trabajo, o con los amigos.

Cuando la comunicación es insuficiente y no somos capaces de decirnos sinceramente el propio cansancio, o cuando se infravalora la propia insatisfacción, desgraciadamente la situación desemboca en un alejamiento mutuo y progresivo. En nuestro caso, solo faltaba añadir la facilidad que tiene Luca para conocer a otras mujeres en sus viajes de trabajo.

Pero las situaciones de crisis requieren, con frecuencia, una interpretación estratificada.

La más cercana y fácil de reconocer es toda la serie de episodios, incomprensiones, y dificultades que la pareja ha pasado en su historia más reciente. Cada uno narra e interpreta estos episodios a su manera, pero, por lo general, los dos consideran que son el principal motivo de su progresivo alejamiento.

Por detrás, está el modo en que se ha estructurado la relación: lo que ha hecho que se encontrasen, las áreas de complementariedad, las rigideces que han llevado a reforzar las posiciones de un modo disfuncional.

Y todavía más allá, por detrás de la historia común, están también dos historias personales, compuestas por recursos y límites, necesidades y deseos. Cuando un hombre y una mujer se conocen, se encuentran, como ya he dicho, en un punto concreto de su propia historia. Pero pueden encontrarse en puntos diferentes de la evolución personal.

En el caso de Marta y Luca, por ejemplo, el primer y verdadero origen de la traición es remoto y se encuentra en una exigencia profunda, nunca satisfecha, de Luca: la de completar su identidad masculina adulta y de sentir plenamente su valor. Atención: el problema *no ha sido provocado* por Marta, ni porque sea una mujer capaz e independiente. El problema es de Luca, y se sitúa en *su historia*: la de un niño/adolescente aprisionado por su madre, que no ha conseguido sentirse/pensarse en una dimensión realmente autónoma.

También, a la larga historia afectiva de su adolescencia (¿recordamos? Luca ha mantenido durante los años de su adolescencia una relación casi simbiótica con una coetánea), le falta un verdadero desapego de su madre: la chica ha sido simplemente fagocitada en el sistema-familia, y por ello no ha supuesto una alternativa afectiva real, que marcase un desapego de la propia madre.

Al conocer a Marta, Luca se ha sentido atraído por la independencia que ella tenía y por la posibilidad de tener una relación adulta. Pero los hechos sucedidos nos dan a entender que en realidad no ha conseguido separarse del todo de un modelo interior de relación madre-hijo: ha pasado de la madre que le vincula y le controla a la madre que le deja libre, pero siempre se trata de una figura interior de madre. Entre otras razones, por esto es incapaz de imaginar a Marta como una persona con necesidades y fragilidades: ningún niño sabe interpretar las necesidades de su madre. Para hacerlo, Luca tendría que ver a Marta, a todos los efectos, como una compañera, con sus límites, necesidades, defectos, deseos. En cambio, una parte de él sigue apoyándose en ella según la modalidad dependiente en la que ha estructurado su relación con la mujer.

Es decir, Luca solo ha alcanzado una pseudoautonomía. En realidad, en el plano afectivo se apoya en Marta, a la que vive como indispensable. De este modo, ha huido de una soledad que le asusta, en la que tendría que hacer cuentas sobre todo consigo mismo. La joven compañera que "necesita" de él entra, sin saberlo, en este juego complejo. Lo más interesante es esto: la exigencia profunda en la que tiene su origen el error (comprobar que es capaz de dar apoyo, de ser un hombre y por tanto de aportar apoyo, protección, cuidado, basándose solo en sí mismo) es una exigencia evolutiva no solo legítima, sino también buena e importante para Luca: la propia Marta siempre ha deseado que su marido se volviera un poco más capaz en este aspecto. Pero la vía elegida para dar este paso es totalmente equivocada: una traición que pone en peligro la misma supervivencia de una relación importante para los dos.

Tal vez, si hubiera habido la posibilidad de llegar antes a una mejor comprensión y consciencia de las dinámicas, habría sido posible encontrar otras vías, y evitar un dolor tan grande.

Entre el pasado y el futuro

Hay otro aspecto más que me gustaría sacar a la luz, y para hacerlo pido ayuda a la segunda historia, la de Gregorio y Costanza, que luchan con la profundidad de las diferencias que llegan del pasado.

Hacer que nazca una nueva planta a partir de otras dos jóvenes, con distintas raíces, es tarea complicada. Lo es también hacer que crezca y se fortalezca. Siempre exige mucho tiempo: la nueva familia que nace con el matrimonio encuentra este desafío que tiene por delante.

Como se ha dicho antes, el movimiento de idealización que tiene lugar al principio de esta historia ayuda a la realización de este proceso: cada uno de los dos hace más flexibles sus límites (aquellos por los que cada uno pertenece a *su* familia) de modo que disminuya la distancia que le separa del otro. En efecto, desean constituir una nueva unidad identitaria, un "nosotros" con límites comunes. Por esto, incluso cuando constatamos las diferencias de nuestras procedencias y de que son parte de nosotros, tendemos a considerar que no son un obstáculo esencial: lo que une en el enamoramiento parece mucho más fuerte de lo que puede dividir, sobre todo cuando la diferencia se declara un problema y ambos la asumen como un desafío que hay que superar.

Este es, precisamente, el caso de Costanza y Gregorio. Para ellos, la diferencia era tan marcada y evidente que no podían minusvalorarla. De hecho, ambos la han tematizado abiertamente durante todo el noviazgo.

Pero el problema de las diferencias es mucho más sutil e invasivo de lo que parece a primera vista, porque no afecta tanto a las cosas más evidentes. Más bien, afecta a esas cosas pequeñas y cotidianas que conforman el tejido de fondo de la jornada y que se reflejan en el "estilo" personal de cada uno. Ahí es donde somos diferentes: en la sensibilidad con la que hemos aprendido, cada uno en su historia, a dar distinta importancia a las cosas, a gestionar los pequeños problemas, a regular las distancias, a repartirnos los roles.

Gregorio y Costanza estaban preparados para las "grandes" diferencias. Para las pequeñas y cotidianas les hubiera hecho falta, como a todos, mucho tiempo. En su caso, puede que más tiempo, porque la diferencia tan profunda entre las culturas de procedencia se refleja y se declina en lo cotidiano de un modo mucho más masivo. Pero los niños llegaron enseguida, y junto con los niños, necesidad de poder organizar juntos el sistema-familia, de llegar a acuerdos sobre la gestión de lo cotidiano. Gregorio viene de un mundo familiar con muy pocas reglas, y Costanza de un mundo familiar con muchísimas reglas: la condición de padres ha vuelto a poner a cada uno en contacto con el modelo interiorizado que proviene de su familia de origen, ha exasperado las diferencias y les ha puesto en un permanente conflicto.

Veamos qué dice Gregorio en una conversación individual:

Costanza valora cosas que para mí no tienen tanta importancia. Se enfada al mismo nivel por cosas que, entre sí, tienen una importancia muy diferente. Tendríamos que ser perfectos para que ella esté contenta. Cada vez es más exigente en sus demandas, se "expande" continuamente. La siento muy judicial, sobre todo en las cosas cotidianas. Más judicial que cómplice.

Dice, por su parte, Costanza:

Cuando empezamos nuestra relación éramos "ligeros". Yo trataba de ser menos puntillosa. Ahora me he vuelto espinosa, a veces "le abronco" como si fuera un niño. Nosotros siempre hemos estado en dos planetas distintos, pero cuando nos conocimos los dos estábamos también fuera de contexto... Después, cada uno ha vuelto a lo que era antes.

"Vuelto a lo que era antes": es un modo muy preciso y eficaz de decir lo que pasa cuando, según los tiempos diversos de cada pareja, la idealización deja su espacio a una realidad mayor. Parte integrante de esta realidad es nuestra procedencia familiar, con sus características, que en la fase de des-idealización parecen cobrar una nueva fuerza.

Gregorio dice que, cuando conoció a la familia de Costanza, quedó fascinado por la seguridad y la coherencia que tenían los padres de ella al interpretar los valores en los que creen. En cambio, Costanza, un poco cansada, sobre todo en la adolescencia, de las rigideces familiares, ha expresado una fuerte fascinación por la posibilidad de interpretar los mismos valores de un modo más libre y creativo: Gregorio era una apertura a esta posibilidad, precisamente porque deseaba las mismas cosas, aunque viniera de un mundo casi totalmente carente de reglas.

Pero, en el curso de la crisis, las cosas parecen cambiar. Dice Costanza:

Yo soy muy parecida a mi madre: me siento tranquila cuando las personas a las que quiero están protegidas por ideas fuertes. Ahora ya no reconozco a Gregorio, ya no me parece que se deje impresionar por las cosas hermosas. También su traición supone para mí un signo fuerte en esta dirección.

En cambio, dice Gregorio: «Yo no he tenido carriles tan seguros. No logro tener referentes tan rígidos, y es algo que me asusta».

No raramente, en los matrimonios se observan dos fases diversas. En una primera fase, la familia del otro representa un nuevo mundo, del cual proviene la persona amada: muchas veces, sentimos curiosidad y mostramos atención hacia la novedad que supone este mundo. También estamos dispuestos a acoger positivamente lo que viene de ese mundo.

Pero casi siempre hay también una segunda fase. En esta fase volvemos a sentir una mayor cercanía psicológica con el mundo de la propia familia de origen, en la que reconocemos las fuentes solidas de nuestra identidad, aunque tenga sus límites.

Este movimiento se hace más evidente, llegando incluso a precipitar, sobre todo, en las situaciones críticas, en las que eso que no nos gusta del otro se atribuye a su formación, y por tanto se considera culpa del mundo del que procede: su familia.

Aunque este movimiento es más evidente en las situaciones de crisis, es importante saber que se trata de un paso normal de "asentamiento" en todas las parejas: la des-idealización comporta, en efecto, un regreso a los límites identitarios personales, en detrimento de los límites comunes que, con frecuencia, son todavía frágiles. El esfuerzo por encontrar una síntesis original entre los mundos del uno y de la otra conlleva esta especie de atracción por los orígenes, por eso que es nuestro y resulta conocido; un pasado que para algunos es el recuerdo feliz de una infancia y una adolescencia "fabulosas", para otros es el recuerdo de un periodo difícil y lleno de contrastes, pero con el que, de todas formas, se conserva un fuerte vínculo.

Por eso, es necesario avanzar juntos hacia una tercera fase, en la que las familias originarias, hayan sido buenas o malas, dejen de ser el principal punto de referencia para la construcción del *nosotros*: las energías vitales de ambos han de invertirse en lo inédito, lo *nuestro*, sin perder el tiempo en reforzar o luchar contra las alianzas con el pasado. El pasado es raíz, es origen al que siempre debemos un reconocimiento: pero debe quedarse en el pasado.

Lo que les ha pasado a Gregorio y Costanza puede ayudarnos a entenderlo mejor.

En el momento en que la crisis alcanzaba su ápice, Costanza y Gregorio decidieron pasar las Navidades por separado. Gregorio siente la necesidad de "volver a casa", a África, para visitar a su familia ampliada y a aquella hermana que había sido una madre para él.

Dice Gregorio: «He crecido allí, es allí donde estoy en casa. Ahí soy mimado, soy considerado algo así como un mito y esto me gusta mucho».

Costanza se muestra escéptica con el viaje: «Pienso que allí él va a volver a las andadas, que se encontrará con *mujercillas*, como aquellas con las que ya ha estado...».

Ella, por su parte, ha decidido aceptar la invitación de una amiga para participar en una peregrinación a Fátima. Va a ir con los niños; va a suponer un momento de pausa y de reflexión. Después, quiere seguir lejos de los suyos, en esta Navidad en que no va a estar Gregorio.

Cuando vuelvo a ver a Costanza y Gregorio, después de un mes, más o menos, el encuentro es muy interesante. Gregorio ha encontrado el mundo "fantástico" de su infancia, pero lo ha revisado con los ojos del hombre que es ahora. Estas son sus palabras:

> Todo ha sido más complicado de lo previsto. Me he vuelto a encontrar con mi mejor amigo, pero no ha sido como quería. Te das cuenta de la distancia... Ya no es tu casa, porque ellos llevan mucho tiempo sin ti. También tenía un grupo de amigos muy cercanos, nos llamábamos "los soñadores". Ellos siguen, pero yo ya no me identifico con el grupo.

Añade:

¡El elemento nuevo es que me he dado cuenta de que he estado aquí mucho tiempo! Veinte años de 28. Tal vez, toda esta pretensión de africanidad es excesiva. Además, me encanta el caos africano, ¡pero tenerlo siempre…! Todo es demasiado: los colores, los ruidos…

Y concluye: «He vuelto con la conciencia de que tengo dos hijos, y que esta es la certeza sobre la que puedo construir. Ahora estoy más tranquilo».

Pero también Costanza ha cambiado:

He estado muy bien en la peregrinación, también con los niños. Todos eran personas bastante distintas a mí, pero me he adaptado. Es más, he entendido la importancia que tiene aprender a estar con todos. Estaba muy preocupada por Greg, pero cuando ha vuelto, le he encontrado tranquilo, abierto y más disponible. He entendido que, si quiero a Gregorio, tengo que aprender a centrarme en la sustancia.

Concluyen, juntos: «Esto es un germen, es precioso, pero corremos el riesgo de ahogarlo. Tenemos que hacer algunas cosas *prácticas* para nosotros… Tenemos que recuperar la ligereza del principio, aquel hablar tanto y de todo que nos unía».

Ciertamente, con esto no se acaban los problemas, pero la decisión de continuar su matrimonio ha supuesto un decidido salto adelante. Desde ese momento, ha sido posible para ambos empezar a afrontar los muchos capítulos abiertos de su vida: las diferencias en los planos comunicativo, afectivo, sexual o práctico. Pasada la ilusión de un posible allanamiento de las diferencias, y superada la tentación de que cada uno volviera a su mundo originario, llega el momento de la tercera fase: una fase que se abre con realismo, pero con una nueva esperanza.

Luca y Marta, Gregorio y Costanza, nos ayudan a entender mejor el valor y el peso de las historias personales: escuchar de verdad el relato de la historia del otro (como dice

Guardini, del otro "en sí", no el otro "para mí") y conseguir dar un significado auténtico a esta historia, pueden abrir la mente a una mejor comprensión recíproca. La lectura compartida del pasado puede abrir a la comprensión compartida del presente. Las cosas que han pasado se pueden empezar a leer bajo una nueva luz, que desemboca en una capacidad renovada de comunicación y de escucha.

VIII.
"EL SEGUNDO MATRIMONIO":
DE LA COMPLEMENTARIEDAD A LA ALIANZA

Juntos y solos

Vivamos solos, o en pareja, cada uno de nosotros se siente llamado a realizar una misión personal en la vida, y que su felicidad depende del logro o del fracaso en esta misión. Podemos denominarla de formas diferentes, pero la palabra que usemos para definirla cambia, incluso radicalmente, el modo en el que vamos a recorrer nuestro camino.

La primera palabra posible es "vocación". Esta palabra contiene la idea de una llamada: algo o Alguien nos interpela, y nuestra vida se realiza en la respuesta a esta llamada. Ser felices depende de cuánto logremos desarrollar nuestra creatividad (nuestros recursos internos) para que se realice lo que solo a nosotros, con nuestras características específicas, nos corresponde. Por eso, en la idea de "vocación" se contiene también el pensamiento de que el centro de gravedad vital no está situado tanto en el yo, como principalmente sobre lo que puede surgir del yo y de su creatividad: la obra que logramos realizar, las relaciones a las que conseguimos dar vida, el hijo que ha podido nacer gracias a nosotros. La idea de "vocación" siempre incluye de alguna forma la presencia de un *nosotros*, una idea de comunidad.

La segunda palabra, que hoy en día es la más utilizada, con diferencia, es *autorrealización*.

Esta palabra no incluye la respuesta a una llamada o a una tarea, sino que contiene más bien la idea de que la felicidad depende del éxito que obtengamos. La persona más realizada es la capaz de tener más éxito, más visibilidad, más dinero. En el aspecto afectivo, es la capaz de obtener más atenciones y más amor. Según esta lógica, es importante el hecho de sacar todo el fruto de los propios recursos; pero, en este caso, el acento no se pone principalmente sobre el resultado de nuestro empeño, sino principalmente sobre uno mismo y sobre la propia satisfacción: en la idea de *autorrealización*, el *nosotros* es secundario y la idea de una comunidad no es esencial.

El concepto que tengamos de la felicidad (como respuesta a una vocación o como autorrealización) introduce una diferencia esencial en la perspectiva que tengamos sobre la vida afectiva, familiar y de pareja. Esta repercute en nuestro modo de vivir los episodios buenos y menos buenos que se refieren a nuestras relaciones. La modificación de nuestra forma de entender la felicidad cambiará profundamente nuestra posibilidad de ser felices.

Desde el mismo momento de nuestra llegada a este mundo, cada uno ha empezado un recorrido. Es un camino que, desde el primer momento, recorremos junto a otros: nuestros padres, parientes, amigos, maestros, los primeros amores. Todas son personas importantes, que nos acompañan en tramos más o menos largos de nuestro viaje. Con todos compartimos cosas que contribuyen a darnos forma, cosas destinadas a convertirse en parte de nuestro ser. Pero ninguno de ellos va a seguir nuestro mismo camino de principio a fin.

Cuando nos casamos, en cambio, hacemos algo único y singular: tomamos la decisión de elegir un compañero/ a que, desde ese momento, camine siempre con nosotros, alguien que va a proseguir su viaje con nosotros hasta el final de recorrido, compartiendo nuestro mismo camino. En este sentido, el matrimonio representa una encrucijada vocacional muy fuerte: si aceptamos vivirlo, nuestra llamada concreta a la felicidad va a declinarse por medio de ese encuentro, con esa persona, tal y como es.

Pero la persona de quien nos hemos enamorado, y que al casarnos entra de una forma tan definitiva en nuestro ámbito vital, llega a su vez desde una historia y un camino suyos, que siempre son diferentes de los nuestros. No es fácil comprender desde el principio el alcance de esta diferencia, porque cuando nos enamoramos captamos sobre todo lo que nos une, lo que nos acerca: vemos esa parte del rostro que el otro nos ha dirigido con amor. Pero el otro siempre está más allá de lo que vemos: es distinto, es él mismo; su vida ha empezado antes del *nosotros* y también va a seguir más allá del *nosotros*. El otro es una libertad que camina a nuestro lado, una totalidad nunca conocida por completo.

Encontrar al compañero de nuestra vida y empezar a caminar juntos no supone un abandono de la búsqueda de nuestra misión personal. Pero a partir de ese momento, la vocación de cada uno se va a declinar de un modo nuevo, en el que siempre cuenta el otro. Con él (o ella) y por su medio, me veo desafiado a convertirme en hombre (mujer) de una forma diferente; con él (o ella) y por su medio, puedo llegar a ser padre o madre; con él (o ella) y por su medio, puedo dar la vida creativamente a una nueva realidad que va más allá de nosotros: una familia *nuestra*, con características que solo nosotros juntos le podemos dar.

Con cualquier otra persona, cada uno de nosotros daría vida a una realidad distinta.

¿Esa realidad sería mejor?

No lo sé. Pero lo que sé es que la vocación, tal y como he tratado de definirla, no es una hipótesis abstracta, sino un recorrido vital muy concreto; un recorrido que se configura exactamente a partir de lo que somos y de lo que nos sucede. Nuestra creatividad puede y debe aplicarse precisamente en este punto, en el lugar preciso en el que nos encontramos viviendo históricamente.

Solo eso que somos y lo que sucede, concretamente, en nuestra historia real (con sus límites y oportunidades) aporta la materia prima para fundamentar nuestra identidad, así como los instrumentos para llevar plenamente a cabo lo que podemos ser. Por tanto, nuestra felicidad pasa por aquí; para hacerla realidad hemos de encontrar, día tras día, pequeños indicadores del recorrido, ligados a los hechos: el mensaje para nosotros está siempre escondido en los sucesos concretos que componen nuestra vida.

Aunque en el matrimonio caminemos juntos, las identidades de los esposos siguen estando separadas: ninguno de los dos puede caminar en el lugar del otro, porque cada uno debe completar *su* recorrido. Podemos sostenernos mutuamente, aconsejarnos, ayudarnos; podemos esperarnos uno a otra, y a veces uno de los dos tendrá que soportar el esfuerzo por los dos. Pero en ningún caso podemos sustituir al otro, por mucho que le queramos: no podemos hacernos cargo ni de su libertad ni de su responsabilidad. Cada uno debe alcanzar la meta según sus *propias* características, a su paso, con sus fuerzas y con sus tiempos. Amarlo también significa reconocer y respetar esta diferencia.

También puede pasar que nuestro compañero de camino tome desviaciones imprevistas y quizás no acordadas: creía haber visto algo bueno para él más allá de nosotros, ha decidido probar un sendero que se aleja de la vía compartida.

Es lo que sucede en las situaciones de crisis. En esos momentos, es normal que cada uno sienta con fuerza la tentación de volver a poner el acento sobre todo en sí mismo y en sus exigencias legítimas: el sufrimiento relacional induce a pensar que el otro supone un obstáculo para realizar la propia vocación, es decir, para dar cumplimiento a la propia misión vital y a la propia felicidad.

La persona con quien nos hemos casado es una libertad que camina junto a nosotros. A veces es también una libertad mal usada, como en las historias que he contado. Pero esta realidad nunca puede quitarnos nuestra libertad: si queremos, podemos incluso decidir que le seguimos queriendo. En estos casos, seguir amando y buscando el camino del perdón significa otorgar al otro el inmenso don, gratuito, de una mirada de confianza; un modo de dar testimonio y de confirmar la bondad esencial de su ser y su posibilidad de bien, también cuando se ha equivocado y nos ha hecho daño injustamente.

¿Amor verdadero o paciencia estúpida?

Y yo ya no veo la realidad
ya no veo en qué punto está
la diferencia clara
entre el amor más ciego
y la paciencia más estúpida.

Anna Oxa, "Una emozione reciente"
(texto de Ivano Fossati - Guido Guglielminetti)

Al despertarme esta mañana, me he encontrado en el móvil el mensaje por WhatsApp de una querida amiga. Me escribe: «Ayer ha sido un día muy difícil. Me estoy dando cuenta de que no es verdad que el amor vence todas las dificultades. En nuestro caso, la enfermedad empieza a tomar el mando. ¡Escribe algo bueno sobre este tema!».

Pensado en ella, en mi mente han empezado a acumularse muchos otros rostros. He visto pasar ante mí tantas situaciones, que conozco, en las que el cansancio de la relación y las crisis no tienen nada que ver con traiciones ni enamoramientos. En cambio, están relacionadas con las pruebas de la vida, a veces duras: son historias, por ejemplo, en las que uno de los dos enferma seriamente, o en las que es necesario hacer frente a situaciones crónicas, de decadencia física o de sufrimiento psíquico, que es tan difícil de comprender y de acompañar.

Y me he acordado también del *estribillo* de la canción de Anna Oxa, con su pregunta interesante: ¿cuál es la diferencia entre el amor más grande (¡prefiero grande a ciego!) y la paciencia más estúpida?

Porque es verdad: hay situaciones en que es muy difícil establecer esa diferencia. Son situaciones en las que la persona con tesón y con paciencia decide permanecer junto al otro enfermo, a ese otro deteriorado, ese otro gravemente deprimido, puede parecer o quizá ser realmente una persona masoquista. Una persona que se obstina en soportar una paciencia estúpida y tal vez inútil.

No es fácil soportar personalmente una enfermedad, pero tampoco es fácil permanecer cerca de una persona crónicamente enferma, ni cuando su enfermedad daña principalmente al cuerpo, ni (tal vez, sobre todo) cuando tiene una enfermedad que daña, con grados diferentes, la mente. La enfermedad crónica pone a las personas en una constante dimensión de luto, porque las expone a una restricción y a una pérdida progresivas, muchas veces irreversibles, de capacidades, de posibilidades, de experiencias. Pero, a diferencia de la muerte, el luto de la enfermedad crónica nunca se puede elaborar totalmente, porque somete a la persona enferma y a quien está a su lado a una condición de inestabilidad constante, siempre en tensión entre el deseo de vivir y la imposibilidad de hacerlo en plenitud. La enfermedad pone a la persona a prueba, y a veces la cambia: no necesariamente a mejor. ¿Y qué decir del malestar psíquico? ¿Qué decir cuando el otro parece transformado y ya no está claro quién es realmente?

Mientas que quien padece la enfermedad no tiene más remedio que afrontarla, quien está a su lado es una persona libre, por lo que siempre tiene por delante una decisión dramática: ¿realmente quiero seguir caminando al paso ralentizado del otro? ¿Quiero quedarme cerca de alguien que tal vez, a causa del sufrimiento o de las limitaciones que conlleva, ya no parece ser él mismo? Además: ¿quién es el otro, en realidad? ¿Cómo situarnos ante él sin quedar atrapados en los sentimientos de culpa, con la libertad que exige el amor? ¿Y cómo encontrar la justa medida de paciencia, sin masoquismo?

Este tipo de situaciones necesita un discernimiento atento, que a veces es necesario hacer con ayuda.

Puede haber un indicador: el masoquismo siempre está ligado a la pasividad, porque el masoquismo es padecer[1]. La persona masoquista se pliega (a veces por un sentido mal entendido de la generosidad, otras veces por un sentido de culpa) a todas las peticiones y exigencias del otro, sin llegar a establecer cuáles son los límites justos. Pero esta actitud de generosidad "torcida" hace que percibamos al otro como deudor para con nosotros, y provoca un sutil sentimiento de irritación, que interfiere en la relación: el vínculo de amor se vuelve una trampa.

¿Podemos ser felices viviendo al lado de alguien que es infeliz? ¿Podemos seguir sanos y activos junto a alguien a quien amamos y que está enfermo?

Yo creo que sí, aunque el objetivo no sea fácil de alcanzar. La clave está en la decisión activa y consciente, que nos hace protagonistas de los que hacemos.

La persona que elige, consciente y libremente, su posición, nunca es un masoquista, ni siquiera cuando acepta vivir situaciones de sufrimiento objetivo y grave. Quien sabe elegir libremente, aprende a establecer los límites justos a las peticiones del otro, que son el lugar donde empieza el amor correcto y el respeto por nosotros mismos. La persona libre es capaz de tener una buena tutela de sí misma, que le permite evitar el peligro de que la enfermedad del otro y/o su infelicidad invadan peligrosamente su mundo interior.

Esto no supone desinterés o falta de amor, porque en algunos casos el amor al otro consiste precisamente en esta resistencia en el modo de estar, lo mejor que podamos: estar al

---

[1] La autora utiliza el verbo italiano "subire", y hace un juego con su etimología: *sub-ire*, estrictamente, significa "ir por debajo" (N. T.).

lado del otro que vive su dificultad, pero estar en el modo más sano posible, siguiendo la vida plenamente y por los dos. La persona enferma no necesita de alguien que la "soporte", sino de alguien que sepa mantener la fidelidad al pacto entre ellos también en las circunstancias más difíciles, que lo siga manteniendo vivo y que dé testimonio, siempre y en todo caso, del valor de la relación entre ellos.

"Te necesito"

> El amor inmaduro dice: te amo porque te necesito.
> El amor maduro dice: te necesito porque te amo.
>
> E. Fromm

"Te necesito". En nuestro imaginario, esta es la frase más directamente relacionada con el amor: la medida en que siento que te necesito, es la medida en que estoy realmente enamorado y, por tanto, es lo que te amo. Me eres indispensable: por esto tienes un gran valor para mí. Tener necesidad del otro nos pone en una condición de vulnerabilidad y de dependencia, pero al mismo tiempo mantiene vivo el deseo: nada deseamos más que eso que nos falta.

¿Pero qué pasa si cambia el giro de los acontecimientos? ¿Y si dejo de sentir esta "necesidad"? ¿Si empiezo a pensar que también podría vivir bien sin el otro?

En caso de que este paso se haga realidad, y cuando lo hace, siempre se advierte una sensación de desconcierto: se tiene la sensación de haber puesto, entre uno mismo y el otro, una distancia que sabe a desamor.

¿Pero es verdad que la autenticidad del amor es directamente proporcional a la sensación de tener "necesidad" del otro? ¿Es verdad que alcanzar una mayor autonomía afectiva significa que hemos dejado de amar?

Durante su historia, la relación amorosa conoce muchas fases y muchos pasos. Uno de ellos es precisamente el que permite tener la experiencia de ser indispensables uno a otro, que es diferente de la "necesidad".

En el matrimonio se construyen muchas áreas de interdependencia recíproca: podríamos decir que "tomamos forma" juntos.

Con el paso del tiempo, lo que cada uno de los dos *es* se va configurando poco a poco en relación con el otro: por medio de él, con las modalidades relacionales compartidas, por medio del intercambio cotidiano, dos personas que se quieren se van modelando mutuamente, en un proceso dinámico.

Lo que yo soy depende también de eso que *nosotros* hemos sido, somos, y todavía seremos capaces de ser.

La vitalidad de la relación depende de la capacidad que tengamos para mantenernos siempre abiertos al cambio: cultivar el deseo personal de crecer siempre, hasta el final de la vida, y seguir aportando toda la riqueza que uno tiene, también al contexto de la relación de pareja.

En el matrimonio, el otro no es solo nuestro testigo, también es nuestro "compañero de crecimiento": en efecto, el encuentro con él da comienzo a un proceso de transformación personal que está vinculado específicamente a ese encuentro.

En un encuentro diferente, hubieran sucedido otras cosas: en nosotros, entre nosotros, a nuestro alrededor. Es decir, probablemente nosotros también seríamos personas diferentes.

Pero si interpretamos el matrimonio en su significado más profundo, tenemos que pensar que, precisamente por medio de *este* encuentro y sus vicisitudes, se juega nuestra oportunidad existencial concreta, el desafío misterioso que se nos propone para responder a nuestra "vocación" y para dar nuestros mejores frutos.

El otro, que está tan cerca, hace que nos sea imposible el engaño: sus necesidades y sus demandas ponen en evidencia lo que nos falta, su diferencia hace que salgan a superficie nuestros límites. El amor al otro nos obliga a no conformarnos con lo que somos, a modelar nuestras características, a hacer salir y florecer competencias y capacidades relacionales nuevas. Nos obliga a trabajar sobre nosotros mismos, a no adaptarnos, a luchar, a volver a empezar; nos obliga a perdonar y perdonarnos, nos obliga a hacer que el amor sea algo más fuerte y duradero que el mero sentimiento.

Eso que nuestra historia ha hecho de nosotros es solamente el principio: nadie está "constreñido" a ser solo eso que ha sido, y todos tenemos la libertad para cambiar, crecer, enriquecer nuestra personalidad. Podemos hacerlo en cualquier momento, edad o condición; el proceso de refinamiento de la propia personalidad no tiene límite y es apasionante.

Pero entre este "ser cada vez más uno mismo" (que incluye dar cumplimiento a la propia vocación) y ser dos que cultivan un vínculo, no hay una contraposición necesaria. Por el contrario, es una ocasión para poner por obra un verdadero crecimiento personal, que muchas veces necesita del otro. Él, con su diferencia, es precisamente quien nos interpela *concretamente* a cambiar. También el esfuerzo y el dolor que vivamos pueden recuperar un sentido dentro de esta lógica.

El otro nos es necesario, aunque ya no tengamos propiamente "necesidad" de él[2]. Pero para entender el valor del matrimonio cuando salimos de la percepción del "amor-necesidad" es fundamental un nuevo modo de dar significado a la relación: hay que darle su valor pleno en cuanto "amor-alianza".

Alianza es una hermosa palabra: designa una relación a la que es indispensable la dignidad, así como el respeto y la estima recíproca. La alianza no teme a la diferencia, ni pretende una

---

[2] El italiano recurre a dos términos diferentes. Aquí hemos traducido *necessario* por "ser necesario", pretendiendo expresar el sentido más profundo, en la dimensión personal, del valor que se concede al otro. Traducimos, en cambio, *bisogno* por "tener necesidad", con la pretensión de reflejar una dimensión más primaria, más impulsiva y egocéntrica, de lo que el otro supone para nosotros (N. T.).

plena correspondencia del otro. En una buena alianza, el otro puede ser serenamente él mismo, porque hemos dejado de vincularlo al deber de dar satisfacción a nuestras necesidades. En la alianza, cada uno está orgulloso del otro y le importa mucho su bien, pero también le permite buscar ese bien a su manera. En la alianza, el *nosotros* es un punto de fuerza, porque la mirada está puesta en los objetivos compartidos.

En la alianza, el otro no me completa, porque yo sé que no tiene la misión de hacerlo. Ser una persona completa solo me corresponde a mí y no puedo cargar sobre él o ella el peso de mis insuficiencias. Pero en la alianza, mis insuficiencias no son motivo de escándalo para el otro: puede (a veces, debe) señalármelas, pero no para echármelas en cara y hacer que me sienta culpable. Salir de la "necesidad" significa, en efecto, encontrar una distancia buena, en la que cada uno es él mismo y por ello puede querer al otro por lo que es.

Ser aliados en el matrimonio es un objetivo alto y muy bonito, que hay que tratar de obtener a lo largo del tiempo. Precisamente gracias a este cambio de perspectiva, muchas veces se revive aquello que ha sido para nosotros el "valor subjetivo" en la relación de pareja. Es necesario recuperar este valor necesario, porque ningún matrimonio es capaz de sobrevivir y de mantenerse vital ante un endurecimiento crónico de los aspectos afectivos, sentimentales y sexuales que discurren entre los cónyuges.

La dimensión de la alianza vuelve a lanzar la percepción del valor subjetivo, porque en una alianza verdaderamente buena *se está bien*. En efecto, se comparte la vida con alguien que te conoce como nadie, y que también te acepta y te quiere por lo que eres. Se puede tener la experiencia de un amor realista y real, pero también la de una sexualidad realista y real, distinta para cada edad.

Así, a largo plazo, el desafío de la vida de pareja consiste en entrar en la dimensión de la alianza, para dar vida a eso que he querido llamar el *segundo matrimonio*. La alianza del *segundo matrimonio* es un fruto que va a madurar con el tiempo; es el objetivo alrededor del cual trabajar con la vista en el futuro, redescubriendo en la propia historia lo que nos une y hace único nuestro matrimonio, también más allá de la experiencia difícil de las crisis.

El placer de la alianza y el "privilegio de la presencia"

Justo cuando estaba buscando algún ejemplo para aclarar mejor este paso, me llegó la felicitación de Navidad de Luca y Marta, que me escriben: «Nos estamos queriendo muchísimo y hemos vuelto a ser novios. ¡Gracias, de nuevo!».

"Hemos vuelto a ser novios": es exactamente la frase que estaba buscando. Expresar el placer renovado de estar juntos, el placer de un nuevo descubrimiento. No obstante, durante un largo periodo de tiempo, las cosas iban de otro modo; después de la revelación de la traición, Marta ha vivido, por oleadas, el regreso de una sensación de desconfianza, de soledad, de rabia muy profunda. Me decía: «Me siento abatida, solo veo el vaso roto, ya no consigo fiarme». Y también: «Tal vez es que él es así, está conmigo por comodidad...».

Por su parte, Luca confiaba: «Cuando ella se desanima de esta forma, también yo corro el riesgo de desanimarme. He hecho una tontería y ahora, de vez en cuando, pienso que he perdido a Marta para siempre».

El pasado en común, la historia vivida juntos durante 27 años, a la luz de la traición y de los errores cometidos parecía como "una casa en ruinas", una historia equivocada.

Pero Marta y Luca no han tirado la toalla, han entrado realmente en el juego, han aceptado hablarse con verdad; han aceptado preguntarse sobre sí mismos y sobre el otro, han reconocido el valor de lo que les vincula, más allá de lo que les ha dividido. Han entendido que su matrimonio no era algo "totalmente equivocado", sino una historia rica en cosas buenas, aunque imperfectas. La cuestión era redescubrirlo y volver a impulsarlo, mediante una nueva clave de interpretación.

También otras parejas, a las que no menciono en este libro, me han devuelto la misma percepción de novedad, relacionada con el descubrimiento de la dimensión de alianza.

«Para nosotros es casi como un auténtico recomienzo», me decían, por ejemplo Elisa y Giuseppe; «ha sido liberador pensar que podemos ser diferentes».

La libertad de ser uno mismo, de ser legítimamente distintos uno de la otra, de decirse abiertamente lo que cada uno tiene en el corazón, son el fruto de un amor más maduro y realista, que ya no debe tener miedo. Es el amor de alianza.

Cuando la alianza madura, la dimensión del tiempo vivido juntos se hace muy valiosa. Se aprende a apreciar un intercambio más libre en las palabras, pero también gusta el placer de las cosas compartidas sin necesidad de hablar.

A este propósito, he recuperado entre mis papeles un artículo de febrero de 2013, recortado del *Corriere della sera*. Silvia Avallone, una joven escritora y poetisa italiana, había escrito un fragmento con el que he sintonizado mucho, empezando por el título: "El amor (imperfecto) de cada día". Después de mis libros sobre *La familia imperfecta* y *La pareja imperfecta*, me despertó curiosidad el hecho de que una chica joven (Silvia Avallone nació en 1984) se aproximase al tema del amor en su cotidianidad imperfecta, más que hacer el elogio del amor como deseo romántico y como en permanente estado de nacimiento.

En su texto, la escritora hace referencia a unas palabras de la poetisa polaca Wisława Szymborska, premio Nobel de Literatura en 1996; "el privilegio de la presencia" es un verso tomado del poema "Despedida de un paisaje"[3], escrito tras la muerte del hombre al que había amado.

---

[3] Wisława SZYMBORSKA, *Amor a primera vista*, Adelphi, Milán 2017, pp. 87-89. Traducción de Gerardo Beltrán.

Es una poesía muy bonita, que quiero transcribir aquí, al modo de un don. Más que muchas otras palabras, me parece que estos versos logran comunicar todo lo que también yo pienso de la belleza y del profundo valor del amor cotidiano, ese que "se hace carne" en un matrimonio verdadero, que sobrevive al tiempo: el valor insustituible del otro en cuanto "presencia". La presencia del otro, testigo y aliado, enriquece día tras día el sentido de las cosas, volviéndolas más valiosas precisamente porque son compartidas. Mirar juntos, escuchar juntos, almorzar juntos, dormir juntos, recordar juntos: la presencia del otro es en sí misma un privilegio que da a cada cosa una consistencia diferente.

Esto no hace que las cosas sean perfectas, porque no somos perfectos; pero sí hace que sean únicas porque el otro *está*, y es él mismo, precisamente así como él/ella es. La persistencia de un amor concreto y continuamente renovado, aun dentro de su imperfección, es la que hace especial el *nosotros*. Partiendo de una gran diferencia, el *nosotros* nos hace misteriosamente, con el tiempo, cada vez más semejantes.

El horizonte de la muerte saca a la luz la vulnerabilidad de esta presencia, pero la hace más valiosa, tal vez justamente por eso. Aunque hayamos aprendido a estar solos, sin el otro y sin el *nosotros*, nada va a volver a ser como antes. Creo que este es el sentido de las palabras de E. Fromm que he citado al principio: «Te necesito porque te amo». Cuando el amor se hace maduro, aprendemos a reconocer de verdad hasta qué punto la persona con la que nos hemos casado es insustituible para nosotros, precisamente en esas cosas pequeñas que constituyen la trama impalpable de nuestras jornadas. Estos pensamientos nos ayudan a no desperdiciar ni siquiera un momento: en el matrimonio, aun con sus vicisitudes alternas, cada *hoy* es verdaderamente un tesoro. ¡Buena lectura!

No le reprocho a la primavera
que llegue de nuevo.

No me quejo de que cumpla
Como todos los años
Con sus obligaciones.
Comprendo que mi tristeza
No frenará la hierba.
Si los tallos vacilan,
será solo por el viento.
No me causa dolor
Que los sotos de alisos
Recuperen su murmullo.
Me doy por enterada
de que, como si vivieras,
la orilla de cierto lago
es tan bella como era.
[...]
Puedo incluso imaginarme
Que otros, no nosotros,
Estén sentados ahora mismo
Sobre el abedul derribado.
Respeto su derecho
a reír, a susurrar,
y a quedarse felices en silencio.
[...]
Nunca le pido
A las aguas junto al bosque,
A veces esmeralda,
A veces zafiro,
A veces negras.
[...]
Una cosa no acepto.
Volver a ese lugar.
Renuncio al privilegio
De la presencia.
Te he sobrevivido suficiente
Como para recordar desde lejos.

IX.
EL DESAFÍO DEL AMOR PARA SIEMPRE

¿HAY INDICACIONES ÚTILES PARA HACER que nuestra historia de amor perdure en el tiempo? Aunque no conozco recetas seguras e iguales para todos, es cierto que hay reflexiones que pueden servir de ayuda. Propongo aquí algunas, con la esperanza de que aporten un esquema de trabajo concreto.

¡Hay que quererlo!

El primer punto es obvio solo en apariencia: para que una historia de amor pueda durar "para siempre" es necesario *quererlo* de verdad. En el matrimonio no existen garantías a priori, porque la única garantía posible es la que tiene su fundamento en la sinceridad de la promesa intercambiada y en la confianza que podemos volver a depositar en quien promete.

Por eso, necesitamos tener claro el verdadero valor de la promesa. ¿En realidad, qué prometemos? ¿Qué hemos prometido?

"Te amaré para siempre" es una frase que todavía se sigue pronunciando, pero son muy pocos los que creen en ella. Es uno de los motivos por los que la convivencia sin promesas definitivas parece, hoy en día, a muchos, la solución más sincera y respetuosa con la persona amada: el matrimonio parece una institución inútil, un acto vacío de sustancia que no puede garantizar nada y que, por el contrario, puede llegar a alterar la autenticidad de los sentimientos. Tendemos a pensar que un amor verdadero tiene que ser capaz de durar sin necesidad de ningún vínculo; si no lo es, tal vez no se trata de verdadero amor y, por tanto, es mejor dejar que termine. Todos tenemos experiencia de que las emociones son frágiles y mudables, tan frágiles como para hacernos pensar que es imposible garantizar honestamente un amor verdadero que sea, a la vez, duradero.

Es cierto que nadie puede prometer razonablemente que va a seguir sintiendo *espontáneamente* toda la vida y en cualquier circunstancia los mismos sentimientos que tiene por el otro cuando se enamora. No obstante, es posible prometer nuestro amor de un modo totalmente auténtico. Pero para ello hay que entender la diferencia entre estas dos palabras: *auténtico* y *espontáneo*. Es un aspecto muy importante en un mundo dominado por las emociones, en el que es decisivo establecer la "verdad" sobre los propios sentimientos.

Si nos detenemos un momento a reflexionar, descubriremos una cosa interesante: no todo lo que es espontáneo puede ser definido como auténtico; ni tampoco todo lo que es auténtico nace siempre de modo espontáneo.

Espontáneo es algo que se manifiesta sin filtros a partir de un impulso interior: un movimiento del ánimo, una respuesta del cuerpo a un estímulo, una frase que nos viene a los labios sin la mediación del pensamiento. La espontaneidad nos fascina por su naturaleza y por su vinculación fuerte y directa con las sensaciones, que la satura de emotividad. Pero no siempre lo espontáneo es positivo (es espontáneo el enamoramiento, pero también el movimiento de rabia o la respuesta agresiva) y no necesariamente expresa toda la verdad de persona, de su sentir y de su pensar. La palabra *auténtico*, en cambio, expresa mejor la complejidad de lo humano, porque es el fruto de una síntesis entre aspectos que pueden llegar a ser contradictorios: auténtico, en efecto, es lo que nace de nuestras emociones, pero que también ha pasado por la medida de nuestro pensamiento y de nuestra decisión. Al ser auténticos expresamos la verdad de nosotros mismos, que abarca el bien y el mal, el sentir y el pensar; lo que es auténtico en una persona tiene que ver con su identidad, más allá de las constantes perturbaciones y tensiones que se refieren a ella, y también más allá del carácter inevitablemente mutable de sus emociones.

Precisamente por esto, podemos amar de modo auténtico a una persona hacia la que a veces tenemos sentimientos espontáneamente negativos. Es auténtico el amor que sabe esperar, que no se asusta y no se desanima en los momentos de oscuridad; el amor que no se fía solo de lo que siente, porque mantiene vivo también eso en lo que cree; el amor que se hace vida mediante gestos que se cumplen siempre, cuando se tienen ganas y cuando espontáneamente no hay gana alguna. Es auténtica una promesa que somos capaces de mantener, es auténtica una relación en la que nos esforzamos día tras día por amar de nuevo.

Desde esta perspectiva, es posible prometer, de forma consciente, un amor auténtico, que mantendrá en el tiempo la decisión de ligar el propio destino al del otro/a. Podemos comprometernos a hacer todo lo posible para cultivar el amor recíproco, por cuidar nuestro vínculo, por nunca darlo por descontado. Podemos prometer que nunca vamos a rendirnos y que procuraremos volver a empezar cada día de nuevo. Solo tenemos que quererlo de verdad.

¿Mejor o único? La persona "justa"

Cuando algo va mal en nuestra relación, normalmente empezamos a pensar que no hemos elegido a la persona "justa": quizás habría sido mejor esperar, para encontrar a alguien más parecido a nosotros, alguien con quien fuera más fácil entenderse.

Pero, ¿existe de verdad, para cada uno de nosotros, la persona "justa"?

Pienso que la respuesta es negativa. Es cierto que el otro de quien nos hemos enamorado, no es "el mejor" entre todas las personas a las que hemos conocido o que vamos a conocer. Podrán producirse otros encuentros, con personas que también nos podrían parecer "mejores". En el fondo, tampoco nosotros somos la persona *mejor*... Pero el/la que hemos elegido es una persona "única": por eso la hemos elegido.

No hay, ni puede haber, otra persona igual. En el momento del enamoramiento hemos captado misteriosamente esta unicidad, la presencia de características concretas que hacen que el otro sea "la persona para mí".

Pero es frecuente que no seamos capaces de dar un nombre a esta especificidad. Tenemos que intentar preguntarnos en qué consiste, para intuir la novedad que el otro, precisamente por sus características, representa en nuestra vida.

No existe la persona "justa": solo existe la persona que "eliges". Se puede aprender a elegirla de nuevo, un día tras otro: el "para siempre" no es más que un hoy repetido cotidianamente. Para siempre significa "hoy de nuevo"; te amaré "hoy de nuevo": con alegría, si en este momento estamos bien juntos; con paciencia, si estamos en un momento difícil, atesorando (recordando) los mejores momentos y trabajando para que mañana las cosas puedan volver a ser bellas para nosotros. Aprender a estar siempre bien arraigados en el presente nos ayuda a dejar marchar al pasado, y a invertir cada día energías renovadas, sin desperdiciar nada.

La relación de pareja es dinámica y no puede detenerse: o mejora, porque nos ocupamos de ella, o empeora, porque la descuidamos.

Por este motivo, es importante encontrar siempre tiempos concretos que dedicar a la relación. Durante el periodo del noviazgo, buscar tiempo para estar juntos parece algo obvio y deseable: tiempo para hablar entre nosotros, pero también para compartir actividades e intereses, para hacer cosas juntos. Hacer deporte, viajar, ir al restaurante, al cine o al teatro, asistir a conferencias o conciertos, verse con los amigos: todas son actividades que aumentan lo compartido y estimulan el encuentro.

Hablar entre nosotros, dentro de casa, cuando por fin los hijos están dormidos, no es suficiente; en casa es difícil desconectar de verdad, para concentrar toda nuestra atención en el otro: hay siempre algo que atender, alguna tarea doméstica que terminar, algún mail de trabajo que responder... después, el cansancio hace lo demás, y así el tiempo pasa velozmente, alejado peligrosamente al uno de la otra.

El cansancio y la presencia de los hijos son los motivos aducidos con más frecuencia para renunciar a estos espacios compartidos. Pero contrastar ideas sobre la paternidad y maternidad (que, en todo caso, es muy importante) no es suficiente para la pareja: una pareja se aviva realmente si tiene varios planos de encuentro, y la condición de progenitores es solo uno de ellos. Tenemos que cultivar también la amistad, que es el nivel de la confidencia, y la conyugalidad, que es el nivel del deseo. Para hacerlo es necesario dedicarle un tiempo.

Precisamente por el interés de toda la familia, y por tanto de nuestros hijos, tenemos que recordar que la pareja está antes y que también debe tener cuidado de su propia relación. En efecto, la seguridad básica de cualquier hijo se fundamenta sobre la estabilidad y sobre el amor de sus padres.

La felicidad, tarea personal

Hay frases que representan auténticos "lugares comunes", muy peligrosos para el buen resultado de un matrimonio. La primera es esta: si de verdad me amas, "tienes que amarme por lo que soy".

Detrás de su aparente inocuidad, en realidad es una frase muy ambigua: ¿qué significa amar a alguien *por lo que es*?

Cada uno de nosotros tiene el deseo profundo de ser amado. Pero a veces tendemos a olvidar que, para ser amados por los demás, es necesario que seamos personas amables.

En la primera fase de una relación importante, todos nos esforzamos espontáneamente por ser bellas personas: procuramos dar lo mejor de nosotros mismos, para que el otro se sienta atraído y se enamore. Cuando conocemos a una persona importante para nosotros, tenemos una fuerte consciencia de su mirada sobre nosotros; por eso, tratamos de parecer, hasta donde sea posible, personas agradables, buenas e interesantes.

La convivencia diaria tiende a disminuir, a veces hasta anularla, la conciencia de estar permanentemente bajo la mirada del otro. Es fácil olvidar que, en realidad, quien vive con nosotros nos ve continuamente, y que no puede evitar reaccionar espontáneamente a lo que ve. Puede encontrarnos agradables o desagradables, y eso depende en buena medida de nosotros. Podemos "desamorar" al otro sin darnos cuenta, por culpa de nuestro descuido.

Por desgracia, demasiados matrimonios mueren por culpa del descuido y hasta de la mala educación, porque los cónyuges han interpretado aquel "ser amado por lo que soy" como una licencia para abandonarse por completo y dejar de vigilar sobre sí mismo, a fin de estimular el amor del otro.

En consecuencia, tenemos que seguir cultivando, sin cansarnos, esa bella persona que podemos ser: personas bellas por dentro y por fuera, no solo para los extraños sino también y sobre todo para quien nos ha elegido y comparte su vida con nosotros. Estar a gusto y libres en la propia casa no debe confundirse nunca con convertirse en personas rudas o descuidadas.

Pero también es importante seguir creciendo, enriqueciendo y profundizando nuestra personalidad. Es importante seguir desarrollando nuestras dotes, porque ser una persona interesante no tiene solo una función narcisista: al contrario, es el mejor modo de facilitar el amor y la atracción espontánea del otro hacia nosotros. El mejor modo para ser amados, y no solo soportados.

El segundo "lugar común" que quisiera sacar a la luz, se refiere a la idea de que en la relación de amor el otro tenga el deber de *hacernos felices*.

La felicidad es un concepto difícil de definir. Felicidad no es simplemente bienestar, no es placer, no es autorrealización. Tal vez lo que más se le acerca es la sensación de poder desarrollar nuestro potencial creativo, la satisfacción que surge cuando logramos que nuestra vida florezca.

La felicidad está relacionada con el cumplimiento de nuestra vocación. Precisamente por esto, ser felices es un deber absolutamente personal. Hacer feliz a alguien es un encargo realmente imposible: todos conocemos a personas felices, aunque tengan historias difíciles (también matrimoniales). Y, al contrario, conocemos personas a las que no se puede contentar y siempre infelices, aunque estén rodeadas de amor y dedicación. La persona capaz de encontrar serenidad en sí misma, sin pretender que se la den los demás, realmente es gran don para cuantos le están cerca. La renuncia a encargar nuestra felicidad al otro lo libera de un fardo pesado e inútil, y con ello del peso de nuestra posible infelicidad.

Hacer que nuestra vida florezca solo depende de nosotros, y de que pongamos pasión en todo lo que tocamos, incluido nuestro matrimonio: amar cada día a la misma persona es uno de los desafíos más altos a nuestra creatividad. Y la creatividad es la capacidad en encontrar en uno mismo recursos siempre renovados, que son aplicación de la inteligencia y la imaginación.

Pero, para vivir con satisfacción la vida de pareja, es necesario abandonar la idea abstracta del matrimonio "ideal", para adentrarnos en la aventura concreta de *nuestro* matrimonio: imperfecto, contradictorio, tal vez conflictivo, pero absolutamente único y especial para nosotros.

Siempre se puede recomenzar

Pienso haber demostrado ampliamente que, en la vida de una pareja —aunque esté muy aplanada— las crisis son inevitables.

Como la persona, también la pareja tiene su "ciclo de vida" propio, y en cada etapa, en cada paso, pueden presentarse obstáculos y dificultades.

Me parece muy útil comprender la sucesión dinámica de las fases a las que he llamado de "idealización/decepción/restructuración". Entender la "normalidad" de estas fases ayuda a tener un poco de paciencia y a recordar que, después de cada crisis bien superada, se puede acceder a una nueva fase de enamoramiento del otro: un enamoramiento más sólido y realista, que depende de una mejor comprensión recíproca, la cual a su vez refuerza el vínculo.

Es necesario llegar a aceptar la ambivalencia relacional como algo "normal". Cada uno de nosotros tiene sentimientos positivos y también negativos hacia las personas a las que ama. Amar no significa negar eso que nos molesta del otro. Más bien consiste en permitir que sea él mismo y procurar no encerrarlo en nuestras expectativas.

Una última cosa: una relación importante necesita el horizonte amplio de toda la vida para desarrollarse en plenitud. Pero ninguna historia es capaz de sobrevivir a largo plazo si no aprendemos a perdonarnos mutuamente.

El perdón es indispensable a la convivencia: todos somos limitados y por ello todos, quien más y quien menos, estamos destinados a decepcionar, por lo menos en parte, las expectativas del otro.

Tenemos que perdonarnos uno a otro por ser imperfectos. Al final de cada jornada, tendríamos que aprender a dejar pasar molestias e incomprensiones; y al principio de cada jornada deberíamos aprender a darnos recíprocamente un nuevo crédito.

Dada la complejidad del tema, he dedicado al perdón un apéndice del libro. Pero lleva este mensaje: siempre se puede recomenzar; incluso el peor de los días está destinado a terminar, y el mañana es siempre un día nuevo, que nadie ha escrito aún: podemos escribirlo nosotros, si es lo que queremos.

CONCLUSIONES

UN LIBRO SOBRE EL MATRIMONIO no puede tener una verdadera conclusión, porque el matrimonio es la aventura de toda una vida, que es distinta para cada pareja. Es un recorrido siempre abierto, hasta el fin: hasta la muerte de uno o del otro, y también más allá. Todo lo que esa historia tan única ha supuesto deja huellas indelebles, sobre todo en los hijos. Por eso, no logro encontrar palabras que concluyan, y prefiero dejar el discurso abierto, también simbólicamente.

Pero, como dice mi marido, el lector siempre quiere saber cómo terminan las historias. En ese caso, es justo dedicar unas breves palabras, al menos, a las tres parejas que nos han acompañado tan generosamente. Como me gustan las historias de final feliz, las que he elegido no han sido una excepción.

En cuanto a Marta y Luca, ya he mencionado su felicitación de Navidad. Están viviendo una nueva primavera en su matrimonio, asombrados de ser capaces de amarse todavía, después de casi treinta años.

Su recorrido ha sido más bien breve, aunque muy intenso, porque los dos son personas inteligentes y determinadas, y los dos estaban decididos a buscar un camino para volver a encontrarse. El trabajo común ha fortalecido mucho su relación: han aprendido a hablarse abiertamente, con una sinceridad que no conocían y que les ha unido mucho. Marta, en concreto, ahora logra confiar abiertamente a Luca también sus temores, y no le esconde sus momentos de fragilidad. Luca percibe adecuadamente que esto es un don, y a pesar del nuevo esfuerzo (ya no puede apoyarse siempre en su mujer, como se había acostumbrado a hacer antes) ha adquirido una mayor seguridad en sí mismo, que Marta aprecia mucho y que ha tenido una buena repercusión también en la relación con los hijos. También se han consolidado sus ganas de estar juntos; hacen viajes cortos juntos y hacen muy bien el amor.

Marta y Luca han entendido perfectamente el tema de la alianza, y están haciendo de ella un tesoro. Aunque hayamos terminado nuestro trabajo, saben que estoy siempre a su disposición para eso que otra de mis parejas llama "hacer el mantenimiento".

Costanza y Gregorio han tenido el año pasado a su tercer hijo: me han dado la noticia con un mensaje por WhatsApp, que me ha hecho muy feliz. Las palabras "todo bien", escritas por Costanza me hacen pensar que también con Gregorio las cosas son positivas. Nuestro recorrido ha sido un tanto particular, con sesiones dilatadas en el tiempo a causa de los muchos problemas de trabajo de Gregorio. Pero he podido apoyarme en la gran capacidad autorreflexiva de ambos, y en su determinación. Creo que, cuando tengan un poco de tiempo, volverán a verme: el "mantenimiento" también está a su disposición.

En cuanto a Chiara y Matteo, después de algunas sesiones de pareja, he invitado a Chiara a emprender también un recorrido individual. En efecto, era necesario que profundizara mejor en el conocimiento personal de sí misma, para que sus elecciones fueran verdaderamente libres. Matteo ha sido capaz de aceptar esta decisión, y de soportarla. En los encuentros conjuntos, hemos trabajado de modo que el recorrido individual de Chiara no interfiriera con el recorrido común. La curiosidad y la disponibilidad de Matteo ha sido una gran ayuda. Por las últimas noticias que he recibido, sé que ahora la pareja está bien. El último WhatsApp dice: «Al fin, hemos aprendido a discutir bien, y a hacer las paces con rapidez».

Como primer resultado, me parece óptimo.

APÉNDICE.
LA MISERICORDIA EN LA FAMILIA[1]

Misericordia en la familia

Cuando empezaba a reflexionar sobre el perdón, mi primera consideración ha sido que perdonar no es tarea fácil: el perdón es una palabra bonita, con la que a lo mejor se nos llena la boca, pero es algo realmente difícil en la concreción de la vida. En efecto, el ser humano no está inclinado de forma espontánea a perdonar: ante la frustración, los errores, o el cansancio que genera la relación con los demás, la respuesta emotiva espontánea es de rabia, acompañada muchas veces por las ganas de retorcer y por el deseo de venganza. Por

---

[1] En un libro sobre la pareja y sus crisis, no se puede ignorar el gran tema del perdón: convivir, día tras día, durante toda la vida, hace necesario que nos volvamos expertos en el difícil arte de perdonar. Hace unos años, dediqué una reflexión a este tema, que he presentado en el congreso sobre «Misericordia y Familia», organizado por la Pontificia Università della Santa Croce el 11 marzo de 2016 (publicada en *Annales Theologici*, vol. 30, año 2016). La intervención también puede escucharse en Youtube.

tanto, el perdón se debe aprender, y esto exige, ante todo, que comprendamos su valor.

Tenemos que empezar a hacer que esta palabra se convierta en algo culturalmente significativo, que pueda influir concretamente en nuestra vida y guiar nuestras decisiones y nuestros pensamientos.

Entonces somos responsables de educarnos, a nosotros mismos en primer lugar. Y, precisamente porque no se trata de una actitud espontánea, tenemos también la responsabilidad de educar en el perdón a las nuevas generaciones, a los hijos que la vida nos da. De hecho, la poca capacidad de los adultos para perdonarse entre sí tiene como consecuencia la dificultad de los hijos para aprender a perdonar a los demás y a sí mismos. Estamos ante una cadena negativa, cuyos frutos, lamentablemente, nos entristecen: vemos demasiadas parejas que se rompen porque a los cónyuges les falta capacidad de perdón; vemos hijos que crecen en la incapacidad de entender qué es el perdón y por qué habría necesidad de perdonar.

Actitudes humanas necesarias para el perdón

Si el perdón requiere un aprendizaje, surge una pregunta fundamental: ¿qué actitudes humanas es necesario desarrollar para poder perdonar? Es una pregunta esencial para quienes tenemos la misión de educar en este aspecto, a nosotros mismos y a nuestros hijos.

Sin duda, para perdonar es necesario, en primer lugar, *tomar conciencia de nuestros límites*. Para entrar en la lógica del perdón, primero es necesario comprender que también nosotros necesitamos ser perdonados. Tenemos que abrir los ojos a la realidad de nuestras limitaciones y de que, a causa de estos límites, cometemos errores, provocamos malentendidos o incomprensiones, herimos a los demás. Por ello, necesitamos, por nuestra parte, ser perdonados.

En segundo lugar, podemos perdonar *si reconocemos que el otro tiene un valor* objetivo *igual al nuestro*. Solo si reconocemos que el otro vale en cuanto persona, en sí mismo, que tiene nuestro mismo valor, solo entonces podemos hacer un movimiento hacia él, aunque nos haya herido. Entonces puede empezar el complejo movimiento del perdón.

En tercer lugar, para poder perdonar tenemos que tratar de *situarnos en un punto de vista distinto del nuestro*. Si reconocemos que el otro tiene un valor en sí mismo, puede valer la pena tratar de ponerse también en su punto de vista. Se puede desarrollar esa actitud humana fundamental que llamamos *empatía* y que es precisamente esa capacidad de sintonizar con el punto de vista de otra persona, no solo con la mente sino también con el corazón. Gracias a esta capacidad se hace posible también, si uno quiere, tratar de recuperar las relaciones destruidas: se puede intentar *salir de la fantasía irrealista de relaciones perfectas* e intentar construir relaciones más realistas, poniendo por obra los cambios que sean posibles.

Pero ninguna de estas competencias (la conciencia del propio límite, la conciencia del valor del otro, la capacidad para desarrollar la empatía, el ponerse en el punto de vista del otro, la capacidad de ser realistas ante el tema de la relación y del cambio) es automática. Todas se tienen que enseñar. Educar para la buena relación con el otro pasa por elecciones de comportamiento muy concretas: en la familia, más que con las palabras (siempre necesarias) educamos sobre todo con nuestra actitud, nuestros comportamientos, las cosas que permitimos o rechazamos, lo que hacemos o dejamos de hacer.

El niño, por naturaleza, tiene un pensamiento egocéntrico y autorreferencial: es un pensamiento concreto, que apela a la experiencia, que no sabe funcionar por hipótesis ni es capaz de captar realmente el punto de vista del otro. Su horizonte está centrado en sí mismo, su pensamiento está referido al ego. Por eso, los adultos tienen el deber de ayudarle a salir de esta autorreferencialidad, para darle acceso a una perspectiva más amplia. El niño, además, atribuye a los adultos un poder muy superior al real, se siente dependiente de esta "omnipotencia adulta" y no sabe valorar de forma objetiva nuestros comportamientos.

¿Cómo se puede, entonces, mejorar concretamente las capacidades empáticas del niño, que es egocéntrico, poco objetivo en las relaciones, y está todo menos dispuesto a ponerse en el punto de vista de otro? ¿Cómo hacemos para ayudar al niño, nuestro hijo, a desarrollar un sentido sano de su proprio valor, pero también del sentido igualmente sano de su propio límite? ¿Cómo se le puede enseñar que cada persona tiene un valor inalienable y que merece respeto, siempre y en todo caso? ¿Cómo ayudarle a desarrollar una escucha generosa del otro, que le prepare también para el perdón?

Hemos de recordar siempre que la educación es fruto de un proceso circular y que no podemos transmitir a un hijo esas competencias que para nosotros carecen de sentido y de valor. No se trata de ser personas irreprensibles, que ya han alcanzado todos los objetivos: lo importante es que seamos capaces de prestar atención a lo que es realmente importante y de mantenernos vigilantes y pacientes, para reconocer nuestros errores y tratar de volver a empezar siempre de cero. En todo ello, tiene que movernos la conciencia de nuestra responsabilidad de educar, y de pasar el testigo de la vida a alguien que interpreta su sentido a través de nosotros.

Cada niño que nace es confiado a nuestra responsabilidad frágil, a nuestros recursos de hombres y mujeres que aprenden a vivir viviendo: pero, a pesar de todo, nuestros hijos nos miran a nosotros porque les servimos de guía. A medida que nosotros mismos aprendemos, podemos enseñar, y a medida que enseñamos podemos seguir aprendiendo.

Vida en familia

La vida de familia ofrece numerosas oportunidades concretas para plantear las cosas de una forma que se puedan transmitir las competencias mencionadas antes. Pero son necesarios algunos requisitos previos, relacionados con el modo en que la familia se entiende a sí misma.

En primer lugar, pienso que es muy importante que, desde que nace, el niño encuentre en el seno de la familia su *posición relacional justa*.

En el mundo actual muchas veces los niños son hijos únicos, cuyos padres ya no tienen una edad muy joven a su llegada. Es frecuente que les pongan en el centro de la relación de pareja, en una posición de total paridad respecto a sus padres.

En cambio, para que la familia pueda funcionar bien, es necesario pensarla como un sistema organizado a dos niveles distintos: el nivel paritario de las relaciones conyugales, y el nivel asimétrico de la relación que tiene la pareja con sus hijos y con sus padres, que se sitúan en planos temporales distintos. El eje de la pareja tendría que avanzar de forma solidaria y paritaria en el tiempo. En cambio, las otras relaciones no son paritarias, y han sido hechas para "transitar": los hijos se alejan en dirección al futuro, y los padres en dirección al pasado. Por eso, es necesario entender que el hijo, desde el principio, necesita ser colocado en su justa posición respecto a la pareja, que le acoge y le ama, no para retenerlo junto a sí, sino para acompañarlo hacia su vida. En la práctica, esto significa mantener siempre y en todo caso, también después del nacimiento de uno o varios hijos, espacios suficientes para la propia pareja: espacios de diálogo, espacios de decisión, espacios de placer, que los hijos no deben invadir. Significa recordar que la relación de pareja es el eje sobre el que se sostiene la propia familia, y que es necesario cuidar de esta relación y hacer de ella objeto de una atenta manutención.

Pero hay otro importante punto de reflexión: hemos de estar en condiciones de *salir de la lógica*, también dominante en la cultura actual, según la cual lo ideal sería *la familia a-conflictual*. El modelo familiar que hoy se considera positivo es el de la familia en la que no hay conflictos: ni conflictos de pareja, ni conflictos entre padres e hijos. El conflicto se considera, por lo general, como un indicador de dificultades, cuando no francamente de patología en las relaciones.

Esta consideración endurece las relaciones y hace muy irrealista la imagen misma de la familia, porque las relaciones humanas, en cuanto tales, son fuente inevitable de conflictos. El conflicto siempre nace de la diferencia y la familia representa el lugar de encuentro de las principales diferencias de lo humano: la diferencia entre masculino y femenino, la diferencia entre las generaciones, la diferencia entre las diversas estirpes de proveniencia. Así, en la relación entre sus componentes hay toda una serie de potenciales conflictos, que es necesario considerar estructurales, y por ello, en gran medida, totalmente fisiológicos.

El problema no consiste en no pelear nunca, sino en aprender a mantener siempre los conflictos en márgenes no destructivos, y desarrollar la capacidad de resolverlos sin romper el vínculo.

El tema del conflicto y de su gestión constructiva es muy importante porque, mediante la gestión y la solución de las divergencias, la familia se consolida en el tiempo, desarrollando también la capacidad de sus miembros para perdonarse mutuamente. Solo esta competencia permite transformar las crisis en oportunidades, relanzando creativamente las relaciones.

En cambio, la familia actual nace muchas veces de una pareja que se imagina capaz de ser a-conflictual. Esto hace que la relación funcione solo mientras no se presenten conflictos, pero que el vínculo se muestre frágil ante las primeras dificultades: cuando estas se presentan, el hombre y la mujer tienden a pensar que la disfunción de su relación tiene su causa en una equivocada elección del compañero.

Las familias se rompen cada vez con más precocidad, porque falta la idea de que existe una fisiología del conflicto. El hecho de ser hombre y mujer, y de ser cada uno hijo de una familia diferente, con sus características y sus costumbres, supone en sí mismo una dificultad que hemos de aprender a gestionar, renunciando a imaginar que se pueda eliminar por arte de magia.

Sucede lo mismo en la relación con los hijos: el pensamiento más común es el de que ser buenos padres significa ser capaces de no tener desencuentros con los hijos. Hoy los padres tienen mucho miedo a la conflictualidad con los hijos, y para evitar el conflicto les conceden todo cuando son pequeños, y tratan de contentarles en todo cuando son adolescentes. Pero esto entraña una escasa conciencia del hecho de que los hijos, sobre todo en la adolescencia, también necesitan estar en desacuerdo con sus padres y, como afirmaba D. Winnicott, necesitan imaginar que ellos no les entienden.

Para el adolescente, el conflicto es un momento potencialmente estructurador. En efecto, tiene una tarea evolutiva específica, que es la de trasladarse de la pertenencia al mundo familiar en búsqueda de sus pensamientos y de su identidad. Por tanto, necesita marcar nuevos límites, afirmando su diferencia propia frente a los padres, a los que sigue queriendo. Hacer esto supone, inevitablemente, también contraponerse a su autoridad, desafiarla, medirla, ponerla a prueba, y es precisamente la posición flexible y firme a la vez del adulto el elemento que le permite experimentar con sus propios recursos y aprender a recorrer su camino.

Lamentablemente, es frecuente que los chicos de hoy en día se sientan insertos en una especie de "tela de araña relacional", dominada por el mandato tácito del no ser fuente de conflicto. El temor a la pérdida del afecto de los hijos y un malentendido sentido del querer conducen a los padres a renunciar al rol que les es propio (el de fijar con serenidad los límites, aceptando la exigencia de la propia autoridad) y a preferir una relación paritaria, confidencial, no de autoridad, que no ayuda a los hijos a diferenciarse.

Entre las causas de esta dificultad, se encuentra el desequilibrio de la relación entre los ejes relacionales de la familia a las que se hacía referencia anteriormente.

Tenemos que reflexionar sobre la gran fuerza emocional que tiene el eje vertical, el de la relación entre padres e hijos:

en el momento en que nos convertimos en padres se crea un vínculo indisoluble con el hijo, el de una "relación para siempre". La relación con los hijos es de parentesco inmediato y definitivo, desde el momento del nacimiento o antes, y está acompañada por la vivencia segura de que el vínculo va a ser para siempre. En cambio, la relación de pareja adquiere su fuerza solo con el tiempo y gracias al tiempo: su fuerza emocional depende del enamoramiento y pasa por la experiencia del amor sexual. Pero la percepción de un "parentesco" y de una pertenencia mutua entre las dos personas que la constituyen requiere la capacidad de reforzar el vínculo cuando la vida en común atraviesa sus crisis.

Convertirse en familia depende de la mezcla progresiva de las propias raíces con las del otro, para dar vida a un nuevo árbol. Pero esto solo se produce con el tiempo, y solo si somos capaces de hacer que la relación sea duradera. Desgraciadamente, la relación de pareja de hoy en día se ha vuelto extremadamente frágil, y es escasa la confianza entre el hombre y la mujer: el eje horizontal se ha vuelto, entonces, extremadamente precario, dejando que prevalezca la fuerza interna de la relación con el hijo.

También es importante reflexionar sobre el hecho de que el cuerpo siempre está en la encrucijada entre los dos ejes de las relaciones familiares. El cuerpo nos une a los hijos en el carácter físico de la condición de padres y madres, y el cuerpo nos une entre hombre y mujer en el carácter físico de la relación sexual. Pero el aspecto físico de la condición de hombre y mujer se ha vuelto progresivamente menos exclusivo, perdiendo parte de su fuerza rompedora: el aumento de la promiscuidad sexual y de la precocidad en las relaciones hacen que el otro en la pareja deje de ser aquel/aquella con quien he aprendido la sexualidad (el convertirme plenamente en hombre o mujer). El otro pierde, con ello, un componente específica y especial de su misión vital.

Los cambios que acabo de mencionar hacen especialmente necesario ser consciente de las implicaciones que tienen las posiciones en la familia, para que no perdamos, cada uno, la capacidad de encontrar el puesto justo y para que podamos recordar que el conflicto es inevitable y que es necesario aprender a gestionarlo. Así prepararemos a nuestros hijos para sus relaciones futuras.

Valor subjetivo y valor objetivo

El mundo en que vivimos da un valor muy alto a la *dimensión subjetiva de la experiencia,* también en la forma de entender el amor. Según esta lógica, querer significa principalmente percibir sensaciones y sentimientos espontáneos hacia la persona amada. Consideramos que amamos a una persona en la medida en que sentimos afecto y atracción hacia ella. Por tanto, cuando ya no lo siento, ya no amo: es lo que dicen la mayoría de las parejas de hoy, cuando se presentan en el despacho de un terapeuta.

Pero ¿qué significa "ya no nos queremos"?

Generalmente significa: ya no notamos esos sentimientos que habíamos vivido al principio, uno hacia la otra, que eran sentimientos de afecto o de impulso espontáneos, de atracción física y sexual. Está claro que se trata de dos elementos, el afectivo y el sexual, que tienen una importancia grande en la relación. Pero, al mismo tiempo, no son los únicos elementos esenciales para construir el amor y para que pueda durar en el tiempo. Además de estos movimientos de naturaleza subjetiva, importantes sobre todo para dar comienzo a la relación, es necesario introducir progresivamente elementos que enriquezcan su *valor objetivo*: todas esas cosas que las dos personas construyen juntas con el tiempo y que inciden en su proyección común.

Desde el momento en que dos personas se casan, su matrimonio da vida a algo verdaderamente nuevo: un nuevo núcleo, su familia, que tiene un valor afectivo-social.

Esta es una nueva criatura, que no es solo afectiva ni solo social, y que se convierte en un contenedor común, un *nosotros* compartido. Este, poco a poco, se va a ir llenando con todos los bienes que esa pareja sea capaz de engendrar. En primer lugar, los hijos nacidos de su relación.

Los hijos son un bien objetivo e indivisible, y el más importante. Pero hay muchos otros bienes objetivos: los amigos comunes, la casa, los parientes, las costumbres compartidas, los modos de decir, los secretos, los recuerdos. Además de los hijos, que son el mayor bien objetivo, hay también bienes materiales e inmateriales, concretos y simbólicos, que se incorporan progresivamente a la vida de esa familia y constituyen un valor objetivo.

No se reflexiona lo suficiente sobre el hecho de que, cuando una separación divide a la familia, se produce un desgarro en un terreno vital: ¿quién va a llevarse los bienes familiares objetivos? ¿Quién va a llevar consigo los modos de decir de esa familia, sus tradiciones, sus costumbres, los numerosos bienes inmateriales y simbólicos que constituyen su riqueza específica?

A los padres les cuesta entender que el dolor de los niños ante la separación no se debe principalmente al miedo a perder su afecto, sino más bien a la constatación —angustiosa para ellos— de que asisten a la fractura definitiva de su mundo de referencia.

Dentro de ese sistema complejo que es la familia, enseñar a perdonar pasa, entonces, por el verse situados en la posición relacional justa, entender que el conflicto no lleva necesariamente a la ruptura, adquirir las capacidades para gestionar el conflicto. Gracias a estas disposiciones, podemos empezar a enseñar a nuestros hijos a hacer las paces, haciendo, a nuestra vez, las paces con ellos.

Cuando el niño es pequeño, el progenitor debe guiarle para hacer las paces. Cuando se ha portado mal, pero no sabe pedir disculpas, su madre o su padre, antes de que se vaya a dormir, tendría que acercarse a él, que a lo mejor todavía está serio y enfadado en su cama, para decirle, por ejemplo: «El día ha sido un poco difícil, pero ahora duerme tranquilo, que mañana hablamos». Sentir que su progenitor perdona, que da la paz para que el niño pueda tranquilizarse y dormir, hace que comprenda que siempre se puede empezar de cero, que el vínculo es más fuerte y seguro que el conflicto. Si ha sido un episodio importante, el progenitor le puede reprender al día siguiente, sin duda de una forma más serena.

Con el adolescente, el proceso de pacificación es un poco distinto, porque el adolescente que se ha peleado, también cuando no tiene razón, necesita ser escuchado. El progenitor que quiere hacer las paces con el adolescente, en primer lugar, tiene que escuchar lo que el hijo tenga que decir, sin asustarse demasiado por su forma airada, que siempre es signo de que hay una herida. Los adolescentes necesitan decir con libertad y a su modo lo que piensan, porque solo después de haberlo hecho son capaces de hacer las paces de verdad. La escucha, para el adolescente, va antes que las palabras que podamos decir, por justas que sean.

Pero en la familia también hay que hacer las paces con los hijos adultos.

¿Qué tenemos que perdonar a nuestros hijos ya adultos? Ciertamente, tenemos que perdonarles que no hayan madurado del todo según nuestras expectativas. Muchas veces tendremos que hacer las paces también con nosotros mismos por los errores cometidos en su educación, y perdonarles porque se han vuelto adultos a su manera, aunque nosotros habíamos imaginado algo distinto.

Pero también los hijos adultos tienen que aprender a perdonar a sus padres: por haber sido solo lo que han podido ser y por haber dejado en ellos, inevitablemente, algunas heridas que son resultado de sus límites personales o de sus errores.

También en este caso, es un recorrido de perdón que no siempre es fácil ni descontado, pero que es capaz de dejar por fin en libertad el corazón de quien lo completa, y le hace plenamente adulto.

El perdón en la pareja

Quisiera dedicar ahora un espacio al perdón en la pareja, porque considero que es un tema de una importancia fundamental, sobre todo en el horizonte actual, cuando las parejas se deshacen con tanta facilidad, por incapacidad para sanar sus conflictos.

En este aspecto, hay que considerar dos niveles diferentes: el primero es el del perdón que podríamos definir como "cotidiano", ese perdón que tenemos que aprender a concedernos todos los días, porque cada uno de nosotros tiene sus límites y por ello, aunque quiera mucho al otro, necesariamente le molesta y le decepciona, aunque sea un poco. Me refiero a todas las pequeñas grietas de la vida diaria, que también existen, aunque busquemos estar de acuerdo: el perdón de los límites recíprocos.

Cada uno de nosotros, por la noche, dentro de sí mismo, tendría que hacer una obra benéfica secreta, perdonando a sí mismo y al otro todas esas cosas que han salido un poco mal a lo largo de la jornada: esto ayuda a evitar que las pequeñas molestias sedimenten como el polvo bajo la alfombra, con el riesgo de salir de forma destructiva todos a la vez.

Después, está el tema del perdón en las situaciones de crisis. Podemos identificar dos tipos de crisis: la crisis grave, unida a episodios de ofensa importante al otro, como por ejemplo una traición o el maltrato; y, por otra parte, la crisis que nace de la mala comunicación y de incomprensiones mal digeridas, que han provocado una progresiva dificultad en la pareja.

Creo que se puede afirmar que todas las parejas, también las más apagadas, se enfrentan antes o después con la crisis: los motivos pueden no evidenciarse siempre ni hacerse manifiestos, pero en la mayor parte de los casos se reconducen a un sentido de cansancio, de malestar o de desamor. Esta crisis "acumulativa" también es muy difícil de gestionar, porque resulta cansado seguir invirtiendo pensamientos y afectos en la otra persona.

Ya se trate de crisis graves o de crisis acumulativas, debemos recordar siempre que la experiencia de la crisis es inevitable en las parejas de larga duración, las que quieren permanecer juntas para siempre.

Creo que se puede afirmar que todas las historias de amor verdaderas encuentran en su recurrido la necesidad de atravesar dos fases diferentes, que denominaría *el primer y el segundo matrimonio*. Esto no significa que para ser felices tengamos que conocer a una segunda persona y casarnos con ella. Quiere decir que, en cualquier historia importante, llega un momento en que es necesario volver a casarnos con la misma persona, con la conciencia de un segundo matrimonio. El *primer matrimonio* no suele ser todavía aquel en el que nos convertimos plenamente en *una sola carne*, porque para llegar a esto son necesarios algunos cambios y pasos de conciencia y de adaptación recíproca. Vale la pena detenerse a analizarlos, porque no son obvios.

Para contarlo de la forma más comprensible, me parece útil tomar como punto de partida la historia clínica de una pareja a la que todavía estoy tratando. Pienso que esta historia nos permite identificar algunos pasos interesantes para la reflexión, aunque la situación no esté totalmente resuelta todavía.

Anna y Marco

Anna y Marco llevan casados 10 años. No son especialmente creyentes, tienen dos hijos, de 6 y 4 años, y vienen porque Anna ha traicionado a Marco. Me los han remitido los padres de ella, y este es un aspecto especial de la historia: cuando el marido ha descubierto la traición, la pareja se ha dirigido, de común acuerdo, al padre de ella, que me los ha mandado.

Este primer movimiento sugiere también la primera pregunta: ¿qué pasa cuando estalla una crisis y somos conscientes de que algo no va bien? En este caso concreto, se trata de una conciencia brutal («si me ha traicionado, es evidente que algo no va bien»), pero otras veces, la conciencia de que "algo no va bien" llega de forma más lenta, unida con dejar de hablarse, o dejar de ser capaces de entendernos.

A la conciencia le sigue una primera reacción inmediata, que en el caso de una traición dolorosa puede llevar a pensar que ya no hay nada que hacer. La humillación y el dolor del descubrimiento pueden inducirnos a creer que la relación ha terminado y que no queda espacio para reparar y reconstruir.

Aquí se encuentra el desafío del primer momento de decisión: ¿cerrar la relación, dejar al otro, vengarse, abandonarle a su destino, o darse otra oportunidad, aunque sea difícil? Es solo una primera elección, que todavía no puede suponer una decisión profunda del corazón: ante una crisis tan grave no se puede decidir de una vez por todas. No obstante, esta primera toma de postura es decisiva para abrir la posibilidad del perdón: en efecto, el proceso del perdón solo puede empezar cuando *se decide mantener la relación*, a pesar de la herida. Pero, como se ha dicho antes, es importante saber que no es una decisión que se pueda tomar, en su profundidad, de una vez por todas. Será necesario madurarla en varios momentos, hasta que se haga definitiva y pueda provocar un verdadero cambio.

En el caso de Anna y Marco, la decisión de no querer perder su relación ha sido compartida enseguida. Por eso han querido preguntar al padre de ella.

En el momento más agudo de la crisis, cuando hay que tomar la primera decisión, es muy importante lo que sucede alrededor de la pareja: la ruptura del equilibrio interno provoca que ambos cónyuges se den cuenta de que necesitan de alguien externo que aporte claridad y apoyo. Esta contribución es muy importante pero también muy delicada, precisamente por la especial vulnerabilidad de los dos.

En el caso que estamos analizando, la pareja se dirigió al padre de Anna, porque Marco también confiaba mucho y respetaba a este hombre, con quien tenía una relación muy positiva.

La pareja en crisis vive una profunda *desilusión respecto a los valores subjetivos* que la habían cimentado hasta ese momento.

El enamoramiento del otro, el placer de estar juntos, la confianza recíproca, todo parece derrumbarse.

Por eso, es necesario que, desde el exterior, alguien sepa ponerse de parte del *valor* objetivo de la relación. Quien puede ayudar a una pareja en crisis es una persona que crea todavía en la posibilidad de recomenzar, que crea en el valor de esa historia y de ese proyecto, y que ayude —sobre todo, a la persona ofendida— a recordar que el otro sigue teniendo un valor, más allá de lo que se puede ver en ese momento.

Marco sigue amando a su mujer, aunque con dolor. Instintivamente, ha acudido en busca de consejo al padre de ella, porque era alguien que podía entenderle, como hombre. Pero también iba a seguir queriendo a Anna, por ser su hija, y así podía protegerla de su propia rabia.

Sin darse cuenta, Marco ha hecho un movimiento muy interesante desde el punto de vista psicológico, que nos ayuda a entender qué podemos hacer para ayudar a una pareja en crisis. La persona con dificultades, llena de sentimientos de hostilidad y herida en su trato con el cónyuge, no necesita oír de sus padres o de sus amigos cosas del tipo: «¡Tu marido (mujer) es un desgraciado!». En cambio, necesita de alguien que le permita expresar todo su dolor, pero sin cargarlo de ulteriores matices negativos, nacidos de un sentido de la solidaridad mal entendido.

Llegados a este punto, es importante preguntarse cuál es la posición psicológica de Anna y Marco al principio de la crisis.

Delante de su marido, y después delante de mí, Anna se expresa como sigue: «No logro entender lo que he hecho». El momento en que su marido ha descubierto su traición, ha sido para ella como el estallido de una gran pompa de jabón: «Este hombre no me importa, este hombre no me interesa, no sé por qué lo he hecho. Y estoy destrozada por el dolor que he causado». La suya es una posición de incredulidad, que también revela un desconocimiento de sí misma, de su mundo interior y de lo que le ha llevado a hacer lo que ha hecho. Vive con un sentido de culpa derivado

del dolor que ha provocado y manifiesta mucho miedo al abandono:
«Quién sabe si él va a soportar la decepción por lo que he hecho». Tiene
la percepción de haber arruinado su relación para siempre.

Pero detrás de los sentimientos de tipo consciente (dolor, sentido de culpa, miedo al abandono) hay algo que es necesario interpretar. Cuando Anna dice: «No entiendo lo que he hecho»,
la frase significa también: «Si he hecho algo, hay un motivo,
aunque no lo conozco o no lo quiero conocer». Identificar este
motivo es importante, si es que queremos que la relación con
Marco pueda recomenzar de una forma auténtica.

Aquí es importante subrayar claramente la diferencia que
existe, en el trabajo con problemas de relación, entre entender
lo que ocurre y justificar los comportamientos erróneos. Entender una cosa no significa justificarla. Si una cosa es justa, es
justa; si una cosa es errónea, es errónea. Por ejemplo, la traición
a la confianza de otro nunca se puede considerar como un bien.
Es decir, no puedo llamar justo a algo equivocado.

Pero lo que se puede hacer es salir de la causalidad linear
(que avanza en busca de un culpable) para entrar en una causalidad circular (que, sin negar el peso objetivo de un error, busca
las dinámicas relacionales de mutua influencia que han marcado el origen de ese error).

Desde esta lógica, la posición de quien ha ofendido también
merece comprensión: se debe llegar a entender, en la medida de
lo posible, qué elemento de la historia común le ha empujado
a cometer ese error. Quien ha ofendido y ha hecho algo mal en
una relación, siempre percibe una necesidad profunda de que,
en el momento oportuno, el otro salga a su encuentro, tratando
de ponerse en su lugar para entender qué le ha llevado a hacer
lo que ha hecho.

La posición de Marco, naturalmente, es distinta. Marco dice: «Yo
estoy muy enamorado de Anna, pero me siento como metido en una
centrifugadora, ya no entiendo nada y querría escapar». En él coexisten

sentimientos de rabia, desánimo y desilusión. Querría huir, pero al mismo tiempo afirma: «Todavía estoy muy enamorado de ella».

Marco tiene que aprender a dirigirse hacia el perdón, Anna hacia un verdadero arrepentimiento, que pasa por la comprensión profunda de lo que ha hecho.

Ante una crisis, es indispensable aprender a dar sentido a lo ocurrido. Esto consiste en reconocer, dolorosamente, que algo ha terminado: la grave incomprensión ha creado una *ruptura en el primer matrimonio* —que estaba fundado sobre el encuentro entre dos personas diferentes, que se atraían mutuamente precisamente por la fuerza de su diferencia y su complementariedad—. Ahora es necesario entender qué ha ocurrido y darle un sentido, si es que se quiere dar una nueva oportunidad a la relación. Solo este recorrido de comprensión mutua y de interpretación compartida podrá abrir camino a una nueva relación, *un segundo matrimonio*, basado esta vez sobre una alianza más consciente.

Esto requiere un gran cambio y, para poder llevarlo adelante, por lo menos hay que reconstruir tres historias: está la historia de Anna, está la historia de Marco, y está la historia de la relación entre ellos. Diez años de matrimonio constituyen una historia, pero Anna y Marco, antes de conocerse, habían tenido cada uno su historia personal. El modo en que cada uno ha entrado en su relación de pareja depende, en parte, de sus vivencias del pasado.

El encuentro que conduce a la formación de una pareja tiene su fundamento en un fuerte sentido de complementariedad.

Desde un punto de vista consciente, la elección del otro se relaciona con lo que nos gusta de él. Pero, desde el punto de vista del inconsciente, las cosas son más complejas y hacen que, con frecuencia, elijamos a la persona que mejor encaja con nuestros límites y con nuestro sistema defensivo. Esta realidad sale a la luz, con claridad, cuando se trabaja con la pareja sobre el origen de su enamoramiento.

Cuando he preguntado a Marco cómo se había enamorado, me ha respondido que había entendido desde el primer encuentro que Anna

iba a ser la mujer de su vida. Ha contado un episodio lleno de ternura:
«Estábamos con amigos comunes, ella se encontró mal, yo la tomé del
brazo y al levantarla me dije: "Es ella"».

Marco tiene un recuerdo muy preciso, que nos permite entender también que, en el plano afectivo, su modo de funcionar es muy simbiótico; se guía por lo táctil, por los aspectos no verbales – o preverbales – del contacto. En efecto, Marco es una persona poco dada a la palabra: es generoso pero instintivo, y cuando se enfada tiende a perder el control, a levantar la voz. Al mismo tiempo, su mayor miedo es perder al objeto de su amor.

En cambio, Anna cuenta: «Yo no tengo un recuerdo tan concreto; me
gustaba porque veíamos las cosas de la misma forma, nos gustaban las
mismas cosas. Y por eso le he elegido».

Es muy evidente que el estilo relacional es muy distinto: más dialógico, más verbal, va en busca del otro por medio de un contacto hecho de lenguaje y de diálogo.

Estos dos estilos relacionales son complementarios: el preverbal simbiótico necesita de aquel que pone voz a las cosas, mientras que el racional necesita de la persona instintiva, que da color y calor a la relación.

Esta diferencia favorece el enamoramiento. Sin embargo, al mismo tiempo constituye el punto frágil de la relación, porque predispone a la incomprensión. Precisamente ahí donde se ha producido el encaje, pueden nacer los problemas y las dificultades.

La diferencia que atrae en la complementariedad es también la fuente potencial de un distanciamiento progresivo: quien necesita de las palabras va a empezar a sufrir su falta, y el que necesita de gestos instintivos empezará a sufrir por la modalidad demasiado dialógica del otro. Por eso es importante detenerse en las respectivas historias personales, anteriores a la historia común, porque en ellas tiene su origen lo que ha sucedido.

Pero también el modo en el que cada uno de ellos vive su crisis y puede superarla encuentra su origen en su diferencia.

Partimos de que Anna y Marco tienen la voluntad de recuperar la paz. Ambos han decidido no separarse y afirman que quieren recuperar una serenidad de pareja. Pero Anna dice: «Yo no entiendo». Marco, por su parte, dice: «Yo querría perdonarla, pero no lo consigo, hay algo en mí que supera mi capacidad».

Aunque está tratando de recuperar la relación, con frecuencia le vuelve inesperadamente a la mente la traición de ella y su reacción es una necesidad muy fuerte de marcharse. Ante esta reacción, Anna se angustia, le presiona e intenta retenerle. La única respuesta que obtiene es un empeoramiento de la situación.

Es una dinámica circular, que bloquea a los dos, y de la que no se puede salir más que comprendiendo cuál es su modo personal de estar en las relaciones. Solo así se les puede dar un modo diferente y más consciente de elaborar el dolor, el cansancio y el sufrimiento.

Para poder perdonar a los demás, es necesario aprender a conocerse a uno mismo. No se puede perdonar cuando no entendemos del todo qué supone para nosotros esa herida en concreto. La traición de Anna es, sin duda, algo grave, que haría sufrir profundamente a cualquiera, pero Marco tiene que preguntarse: ¿qué es lo que toca, concretamente, dentro de mí; qué recorrido de dolor incendia? Porque, si su percepción es que no puede soportar la herida, que solo puede huir, significa que esa herida está activando algo concreto en él, porque cae sobre alguna otra herida que ya estaba presente. Ocurre algo parecido a cuando, caminando sobre un pavimento, pisamos una losa que cubre un agujero: si el agujero se abre, no vamos a caer solo un piso, sino más de diez pisos, y nos haremos mucho más daño.

También es importante destacar que el perdón tiene sus tiempos. No se puede imaginar como un proceso rápido, de ajuste simple. Para que el perdón sea verdadero, necesita tiempo, tanto más prolongado cuanto más profunda sea la herida. Es necesario dar tiempo, a uno mismo y al otro, para perdonar, porque es necesario hacer un recorrido para restructurar profundamente la imagen de nosotros mismos, y la imagen de la pareja.

Si queremos de verdad lograr que nazca un segundo matrimonio, es necesario hacer una profunda remodelación de la relación. En efecto, es necesario entenderse a uno mismo, pero también es necesario entender al otro en su itinerario. Quien ayuda a la pareja tiene que saber trabajar con los dos, porque es necesario que cada uno tome conciencia, no solo de sí mismo, sino también del otro.

En el caso de Anna y Marco, ha sido importante para los dos entender que Marco llevaba dentro una experiencia profunda de abandono. Gracias a las preguntas de la terapia, ha empezado, por ejemplo, a recuperar cosas que se le habían perdido en el recuerdo: cuando era niño, si estaba enfadado se encerraba en cualquier armario, y se quedaba allí un buen rato, esperando que alguien fuera a buscarlo. También ha encontrado otro episodio: «La única otra vez que recuerdo haber tenido un dolor muy grande ha sido cuando ha muerto inesperadamente un amigo mío muy querido. Aquella vez me fui solo, estuve fuera una semana, sin decir nada a nadie. Necesitaba estar lejos de todo».

Al acercarse a estos recuerdos, Marco ha vuelto a encontrarse con su dificultad y su modo espontáneo de buscar alivio al dolor: en la protección de la soledad. Cada uno tiene derecho a elaborar el dolor del modo que le es propio. Una crisis grave es como un luto, el luto de nuestra relación; en este luto, cada uno tiene derecho a cuidar de sí mismo con los instrumentos que conoce y que considera mejores para sí mismo. Pero si el otro miembro de la pareja no es del todo consciente de este punto, corre el riesgo de interpretar las cosas según un código diferente, que le impide respetar esta modalidad.

Para Anna ha sido muy importante entender que Marco necesitaba estar solo de vez en cuando, y que esto no significaba un rechazo de la relación con ella. Así, ha podido permitirle estos espacios privados y solitarios de elaboración del "luto", sin miedo. A su vez, esta posibilidad ha permitido que Marco diera un paso importante cuando, a la vuelta de dos días de soledad, me ha dicho: «Por primera vez, he pensado que quizá soy un egoísta, porque sigo viendo las cosas solo desde mi punto de vista. En el fondo, nunca pienso en que ella también está mal en este momento».

Me ha parecido un paso fundamental, que puede abrir la puerta a otra pieza de nuestro trabajo juntos: el que lleve a dar más espacio a Anna y tal vez a entender por qué ha traicionado a Marco, aunque le quería. En el recorrido de esta vía, tal vez Marco pueda encaminarse hacia un verdadero perdón y Anna hacia una mayor conciencia.

Esta parte del recorrido empieza con la disponibilidad empática a ponerse por un momento en el punto de vista del otro: ya no solo desde el punto de vista de un hombre traicionado y dolorido, sino en el de ella, que me ha hecho daño, pero todavía me quiere: ¿cómo es posible que haya llegado a hacer esto contra mí?

Llegamos así a otro aspecto que es importante entender y hacer entender: el otro que en la pareja me hiere, normalmente no hubiera querido hacerme daño conscientemente. El daño hecho, por lo general, no es contra mí, es más bien —si se puede decir así— una cosa hecha "por sí misma". Frecuentemente, el que traiciona está buscando una parte de sí mismo que no consigue incluir en la relación, y piensa que con la traición abre una parte de sí mismo que no logra expresar. Detrás de esto se encuentra también un pensamiento oculto: que en la pareja el otro tiene la tarea de darme lo que no llego a realizar de mí. Pienso que el otro me va a dar, de modo complementario, lo que me falta, y así logrará que esté bien. En el momento en que eso deje de pasar, entonces voy a buscar en otra relación aquella complementariedad que ha dejado de funcionar en mi pareja.

Precisamente aquí debe entrar en el juego la conciencia de que ese necesario eso que he llamado *el segundo matrimonio*.

¿Qué es *el segundo matrimonio*? El segundo matrimonio es el que marca el *paso del tema de la complementariedad al tema de la alianza*. Se puede ser aliado de alguien con quien no somos complementarios, o con quien hemos dejado de serlo. Paradójicamente, desde el momento exacto en que empezamos a pensar que podríamos vivir bien sin el otro, puede arrancar el verdadero amor hacia él.

La necesidad que notamos en relación con el otro no es todavía verdadero amor.

¿Por qué necesito al otro? Le necesito porque completa lo que falta en mí. Esta falta se percibe como un profundo deseo y por eso como amor, pero no es todavía un amor pleno. En cambio, cuando he dejado de tener "necesidad" del otro, cuando descubro que podría mantenerme solo, ahí se abre la ocasión para entender que podría construir con él una alianza entre iguales, que ya no está hecha en primer lugar de necesidad recíproca, sino más bien de compartir, de intercambio y de enriquecimiento.

¿Quién es el otro? Siempre es alguien diferente de mí, limitado como yo, alguien que no corresponde de todo a mis expectativas, y que nunca puede entenderme del todo.

En el momento en que estoy preparado para establecer una verdadera alianza, empiezo a comprender que está bien así. Esto devuelve a cada uno de nosotros, de alguna forma, una libertad con todas sus dimensiones, porque la alianza se hace entre personas enteras.

Pero tenemos que comprender que nuestra felicidad nunca es un deber que se puede adscribir al otro: la felicidad es un deber personal, con cuyo peso no se puede ni se debe cargar a nadie. Solo yo tengo el deber de mi felicidad personal, de mi bien, y el otro solo puede ser un aliado, alguien que va conmigo por el camino hacia este bien. Puede ser mi aliado de formas a veces misteriosas, no siempre fáciles de entender y a veces pasando por dificultades especiales.

A veces, la propia experiencia nos hace descubrir que, precisamente la profunda alteridad del otro, su diferencia tan radical, constituye el desafío más auténtico a nuestra maduración personal.

La atracción unida a la complementariedad constituye el empuje que mueve a uno hacia el otro en el enamoramiento, y que provee de alimento a la historia en su fase inicial. Pero el desafío de la diferencia es el que nos puede hacer madurar y crecer en mayor medida. El otro, en su diferencia, hace que salgan a la luz nuestros límites y que salgan a superficie nuestros defectos, de modo que nos obliga a cambiar.

Es fácil estar de acuerdo con quien nos es parecido, mientras que es ciertamente más difícil encontrar el justo equilibrio con quien, viviendo a nuestro lado, hace que resalte nuestro límite. Pero, precisamente por eso, la relación de pareja es una gran ocasión para poder conocernos en toda nuestra dimensión: el otro, exactamente como es, es nuestro desafío positivo. Solo hay aplicar la inteligencia para lograr que este estímulo florezca.

El mayor desafío de la relación matrimonial consiste en permitir que cada uno crezca en la identidad que le es propia, manteniéndose dentro de la relación. Cada uno debe poder seguir su proceso de convertirse cada vez más en sí mismo, aun dentro de una relación estable con el otro. La presencia de este espacio libre para el crecimiento permite que nos sintamos verdaderamente aliados, dentro de una proyección fuerte y compartida.

En esta lógica, los momentos críticos, aunque sean dolorosos, también pueden convertirse en ocasiones para entender que la pareja necesita volver a pensar en sí misma y dirigirse hacia una nueva fase de la relación.

Trabajar sobre la historia personal y sobre la historia de la pareja puede ser un modo de recuperar la comunicación, en algunos casos, incluso de inaugurar una comunicación auténtica, que alcance los niveles más íntimos y profundos del yo. Se debe aprender a no dar por descontado lo que creemos saber sobre el otro, y a estar dispuestos a conocerlo de nuevo.

Por ejemplo, para Anna y Marco el punto de inflexión ha sido la sorpresa de descubrir que había en sí mismos, en el otro y en su historia, significados diferentes a los que creían conocer: diferentes, pero interesantes para ambos, estimulantes y útiles para entender el funcionamiento de su relación.

Cada uno de los dos, más allá del dolor y la desilusión, ha advertido el elemento de posible novedad que contiene el entender y conocer algo más sobre el mundo interior propio del otro. «Ahora entiendo que yo...» ha dicho Marco, y este entenderse más profundamente le ha predispuesto a entender también a Anna y a aceptar que se puede dar un sentido a su traición.

No se va a tratar de "olvidar" la ofensa, sino más bien de leerla juntos, poniéndose también en el punto de vista de ella. Naturalmente, queda mucho por hacer, y será necesario que Anna también encuentre el valor para mirar con verdad las razones de su traición: pero es el posible comienzo de un camino de perdón verdadero.

BIBLIOGRAFÍA ESENCIAL

AA.VV., *Identità adulte e relazioni familiari*, Vita e Pensiero, Milano 1991.

AA. VV., *Il coraggio di mediare*, Guerini e Associati, Milano 2005.

M. Ceriotti Migliarese, *La pareja imperfecta. ¿Y si los defectos fuesen parte del amor?*, Rialp, Madrid 2021.

M. Ceriotti Migliarese, *Erótica y materna. Viaje al universo femenino*, Rialp, Madrid 2018.

M. Ceriotti Migliarese, *Masculino. Fuerrza, eros y ternura*, Rialp, Madrid 2019.

V. Cigoli et al., *Terapie di pareja. L'approccio integrativo e l'approccio relazionale-simbolico*, Franco Angeli, Milano 2014.

P. Donati, *Scoprire i beni relazionali, per generare una società nuova*, Rubbettino, Soveria Mannelli (Cz) 2019.

S.I. Greenspan, *The Growth of the Mind. And the Endangered Origins of Intelligence*, Da Capo Press Boston (Ma) 1997.

Jean G. Lemaire, *Vita e morte della coppia*, Cittadella, Assisi 1981.

S.M. Johnson, Character *Styles*, Norton, New York (NY) 1994.

J. Noriega, *Gli enigmi del piacere*, EDB, Bologna 2014.

P. A. Ringstrom, *A relational psychoanalytic approach to couples psychotherapy*, Routledge, New York (NY) 2014.

E. Scabini - R. Iafrate, *Psicologia dei legami familiari*, Il Mulino, Bologna 2019.

G. C. Zavattini e altri, *Parlando con la coppia. Psicoterapia psicoanalitica della relazione di coppia*, Borla, Roma 2013.

ESTE LIBRO, PUBLICADO POR
EDICIONES RIALP, S. A.,
MANUEL URIBE, 13-15, 28033 MADRID,
SE TERMINÓ DE IMPRIMIR
EN ARTES GRÁFICAS ANZOS, S. L.,
FUENLABRADA (MADRID),
EL DÍA 9 DE JULIO DE 2025.